Ludwig Weibel
Sei und singe
Kommst du voran, so zähle Ich den Takt dazu

Books on Demand

Bibliographische Information der Deutschen National-bibliothek. Die Deutsche Nationalbibliothek verzeichnet diese Publikation in der deutschen Nationalbibliographie, detaillierte bibliographische Daten sind im Internet über http://dnb.dnb.de abrufbar.

© 2018 Autor: Ludwig Weibel
Herstellung und Verlag:
BoD – Books on Demand, Norderstedt
ISBN 9783752869415

Ludwig Weibel

Sei und singe

Inhalt

1

Wogegen wehrst du dich

1.1

Oberflächlichkeiten sind bei Mir verpönt und werden korrigiert in logischer Gelassenheit und Poesie

Wogegen wehrst du dich,
wenn *Ich* dir auf die Sprünge helfe

In der Gnade Gottes darfst du selig *sein* und leben

Dem ewig Schaffenden gemäss
verfolge Ich den Ehrgeiz Meiner Pläne

Du bist nur tüchtig in dem Mass wie *Ich* das Überragende in dich gesetzt und hochgepäppelt habe

Ich wandle als dein Mandarin gemächlich vor dir her um dir den Schatten der Geruhsamkeit zu spenden

Silberhell klingt Mir das Glöckchen der Holdseligkeit ins Ohr mit der Ich leichthin existiere

Kommst du voran so zähle *Ich* den Takt dazu
in deine warmgelauf'nen Glieder

Wer mit Mir mittut, weiht sich alleweil dem Richtigen in seinem Über-sich-Verfügen

Morgengold soll dir von Stund zu Stunde
über die beseelten Lippen fliessen

Ich gewähre wahres Heil den Mutigen
die sich Mir zugewendet haben

Nicht vergebens soll es sein, dass Ich dir gute Sitten, Seinsvernunft und Solidarität mit allem was da *ist* vermittelt habe

Einmal lebst du *Meinen* Traum vom Leben
in perfecto vor dich hin

Was ist wahrhaft makellos, wenn nicht das reine Sein in
seinen wundervollen Weltbezügen

Fährst du auf, so fahre Ich dahin wo du Mir folgen
solltest, konsequent und seinsgediegen

Meine Absicht ist es absichtslos und innocent zu werden
Meinem Ideal vom Sein gemäss

Was trifft je besser zu als *Meine* An- und Übersicht vom
Weltenleben

1.2

Inmitten deiner Zitterpartie sorge Ich für Ruhe und
Ordnung, wenn du's nur zulässt in deiner
beständigen Not

Ausgeklügeltes von deiner Seite taugt nicht viel, wird es
nicht von Meiner unterstützt in himmlischer Manier

Im Land der Träume laufe Ich dir stets voran, um noch
gediegenere zu kreieren

Hächeln wie die Hunde sind die Sieger sich gewohnt

Mit dem Feingefühl des Reifens geht der Freudenquell
einher

„Ohne Kommentar", wird es bald heissen
wenn dir *Meine* Weisheit aus den Händen fährt

Bei Mir wird alles Postmoderne
mit der Wildheit die *Ich* ins Gestalten lege

Das Schiefe in den Senkel stellen
ist Mein liebenswertester Beruf

Was kramst du in der Tasche,
wo *Ich* es schon längst gefunden habe

Wetten dass Mein Beitrag alle andern
haushoch überwiegt

Clean und kleinlich bin *Ich* auch einmal gewesen

Wenn du versagst entstehen bei dir Kosten
überirdischer Natur

Nicht wirklich nützlich ist dein Denken
bis es *Mir* gilt in den Geisteswogenei`n

Überall und nirgends Bin Ich anzutreffen
in der allerhobnen Seinsphilosophie

Wer wird die Zeche denn bezahlen, wenn nicht *Ich*
mit Meinen grenzenlosen Schöpferqualitäten

Das Veraltete wird auch bei Mir
aus dem Regal genommen

Wo du unentwickelt bist
muss *Ich* dich stets beim Wickel nehmen

Was ist Klasse, wenn nicht die Seinsbetrachtung
die Ich so beglückend pflege

Kommst du zu dir kommst du desgleichen auch zu Mir
im vollbewussten Dich-mit-aller-Welt-Versöhnen

Der Freund der Unbesorgten Bin Ich um ihr eignes Wohl
indem Ich ihnen Freiheit, Wohlbekömmlichkeit und
Grazie des Himmels offeriere

Kletten sind nicht Meine Sache, aber Liebende des
guten Tons wie der Bereitschaft sich in Meinem All
zurechtzufinden

Mustergültig und loyal sei dein Benehmen
wenn du auf Mich zukommst, freudig und bedenkenlos

Wohlbewahrt in Meinen Gründen bist du alsogleich
wie dein Bewusstsein sich in Meine silberhellen Höhn
erhebt

Bist du entschlossen, um dein Recht zu kämpfen
Mich zu sein mit deinen fabelhaften Qualitäten?

Wie kommst du dir denn vor, nachdem du Mich in deines
Wesens Mitte aufgenommen und verankert hast

Deine Sorgen sind meist hausgemacht und könnten
selbander mit Mir leicht behoben werden

Wo Punkte sind muss es auch Striche geben in der
Landschaft deiner Seinsphilosophie

Fülle - nach dem Mangelhaften, Makellosigkeit nach
dem Befleckten will Ich dir in reichem Mass bescheren

Am Faltenwurf sowie an deinem Lächeln ist Mir
nicht allzuviel gelegen, an deiner Seinsbewusstheit
jedoch aberviel

Meinst du Mich so will Ich dir das Sein mit allem Drum
und Dran auf's Trefflichste erklären

Einer Horde wilder Enten gleich zerstieben deine
Seinsbedenken alsogleich wie *Ich* dein Lebensfeld
betrete

Wie du dich ausdrückst drücke Ich Mich in dich ein
zu deinem seligen Gesunden

1.3
Knabenkraut, Männertreu und du
in Meinen Götteraugen?

Verehrenswertes ist in jedem Fall, nach Meiner Ansicht,
schön

Zumindest deine schwachen Kräfte sollst du brauchen,
um in *Meinem* Sinne vorzugehen

Ein markantes Zeichen setzen sollst auch du in Sachen
Wahlverwandtschaft mit Mir: Hochgemutheit und
Bejahen dessen was du Bist in allen Lebensdisziplinen

Wohlfeil ist bei Mir
auch nicht das Mindeste zu haben

Auch du musst alles was du Bist auf deine Art
bis zum letzten Heller regelrecht bezahlen

Mit Bewährung ist in *Meinem* Sinn gemeint:
Beständigkeit und Lebensliebe, Wachheit und
Wahrhaftigkeit in dauernd hingegebnem Üben

Woran viele scheitern ist die resolute Eigenständigkeit,
die sie sich hinters Ohr geschrieben haben

Ohne Mich geht nichts im Weltenbund der Höhen, wie
der Tiefen, der breiten Münder, wie der spitzen Zähne
die aus ihnen Blitze senden

Trauer muss nicht sein, selbst wenn das Herzblut dazu
neigt in ihr buchstäblich zu versinken, denn *Ich* hebe auf
und adle deine Tränen

Was sich im Osten abspielt ist in *Meinem* Westen immer
noch auf's Feinste zu vernehmen, weil Ich keine Wände
um Mich habe

Siehst du nun wie gut es ist
Mich zum Freund und Helfer auserwählt zu haben

Als Erstplatzierter in der Disziplin Vertrauen
darfst du dich allüberall recht ungeniert bewegen

Kronzeuge deiner selbst sollst du dir werden
damit du einsiehst, welche Geistesfülle dich bewegt

Was beginnt sich aus der Hülle deines Menschenseins
zu schälen, wenn nicht *Meine* Geistesgegenwart in dir

Wer trägt der Himmel unzählbare Sterne, wenn nicht *Ich*
der Vater aller Dinge im gesegneten Allhier?

Ich will, dass du erwachst ob Meinem silberhellen Sagen
in des Seins Gefälligkeit und tiefgefasstem Wohl

Soviel zu bedenken gibt es noch für dich, derweil
Ich Mich getrost und wissend auf die grüne Seite lege

Spürst du den Hang zur Güte, den Ich freien Sinns
in dich gegossen habe?

Du bist nicht der, der du zu sein scheinst,
bis du Mir allein gehörst

Ohne dass du's weisst, empfehle Ich Mich deinen Gütern
und verwalte Sie nach Recht und Treue, Grazie des
Himmels und subtilem Gottgenie

Wen wunderts, dass du nur in *Meiner* Hemisphäre
reinen Frieden findest, Herzensglück und Harmonie?

Stehst du auf, so setze Ich Mich hin,
das Wunder deines Fortschritts zu bestaunen

Klaren Auges überschaue Ich, was *Ich* Mir Bin in dir
und deinen vielverschlungenen Erbaulichkeiten

Machbar ist dir längst nicht alles,
so du nur in eigener Regie agierst

Könntest du dich einmal nur dazu entschliessen,
Mich zu sein, erfüllte die Verheissung sich
vom Gottmensch in den Sphären

Kreisrund ist immer noch Mein schicklichstes Symbol
und soll es auch für dich und deine Hofstatt bleiben

Meinst du es gut, so meine *Ich* es besser,
tausendmal

Wohlfeil mag dir sein, was *Ich* schon längst
zerbröselt habe

Ehrbar kannst du immer sein,
in der Erkenntnis deiner Gotteszüge

Von dir zu Mir ist es ein Katzensprung, doch musst
du ihn vollbringen

Lächerlich ist vieles was du definierst, doch wirklich
fabelhaft sind eben *Meine* Definitionen

Vorwärts denken, hinter dir die Wachsamkeit und in dir
seelenvollen Frieden

Niemand hindert dich daran, dich dankbar zu erweisen
für die guten Gaben die Ich dir verehrte

Das Aberwillige in dir beginnt sich durchzusetzen,
sowie du Mich erkannt hast in den Geistessphären

Schön brav zu sein bedarf der Hilfe königlicher Kräfte,
von Mir dargeboten

Alles Leid verwandelt sich in Freude des Elysiums,
sowie du dich vereinst mit *Meinen* Idealen

Gespannt erwarte Ich ein Zeichen deines Mutes,
ins Unendliche zu schreiten

Das Wahrhaftige ist immer mit der Zuversicht auf den
Erfolg verbunden

Mit Mir steht dem *ohne Mich*
diametral und fordernd gegenüber

Wo Kanten sind, ist *Meines* Feinschliffs Augenmass
gewiss vonnöten

1.4
Warmherzige Gefühle steigern dein Bewusstsein davon,
dass du Bist

Ding und Unding zugleich bist du Mir in deinen heiteren
wie in bitteren Affären

Deine Eigenwürde zu verletzen tret Ich täglich an,
um dir danach die Meine einzuflössen, seinsgerecht und
wunderbar

Was gilt's Ich habe dich beim Wickel und beeile Mich
dir Meines In-dir-Seins verehrenswürdige Rendite
trefflich vorzuführen

Mehrwert wirst du nur erzielen, wenn du
Meinen Händen dich ergibst in deinem Brauchtum
vor den Gottestoren

Edel, tapfer, resolut, umgänglich und entschieden
musst du sein, um Mir und Meinem Anhang
vollends zu genügen

Bist du tapfer, kannst du Tapferkeit an sich
von Mir erfahren

Ich nehme es auf Mich, im Unendlichen für dich zu
streiten, ohne jeden Vorbehalt in unvergleichlich
reiner Allegrie

Du machst es Mir nicht leicht, für dich da zu sein, derweil
du ständig ausflippst in dein eigenständiges Regieren

Was dir zu sehr ins Kraut schiesst, muss von Mir
beschnitten und geglättet werden

1.5
Der Hammer ist, dass du noch nicht begriffen hast
wie sehr *Ich* deine Seinsaffären liebevoll betreue

Die Wiederholung dessen, was da *ist,* ist immer mit dem
Aufschwung in Mein Geistgebiet verbunden

Du magst dich regen wie du willst,
Ich Bin dein Erreger in des wahren Wortes Tribunal

Was geht dir verloren, wenn du *Mich* nicht suchst?
Das All in deinem Dich-darin-Erfühlen

Was immer du vor Meinen Augen zelebrierst
hat nur den Wert von deinen Eigenheiten, bis du einsiehst
wie die *Meinen,* alles was du Bist, aufs Wohlgelungenste
dem All vereinen

Wem hast du wieder recht brutal ins Bein getreten?
Mir in Meiner Majestät und Meiner liebevollen Geste des
Erbarmens

Kompetent bist du nur insofern, wie *Ich* dich inniglich
berate und dir offenbare, wie das Leben *ist*
in seinem Urbegründen

Nichts ist banal, selbst wenn es leidlich danach aussieht,
denn alle Hintergründe und Erbauungen darin sind
bestens von Mir stilisiert

Das Genuine führt sich selber ad absurdum,
wenn es nicht von Mir gelenkt und gutheissen wird

Das Gegenteil von dem, was du dir denkst, hat oft den
Vorzug wahr zu sein in *Meinem* Sinne und Gebaren

Alle Weltenwunder sind der Ausdruck Meines
Mich-an-sie Verstrahlens

Moderat sein ist viel schwieriger als furios in deinem
Dich-Verwandeln

Wagemut und Willensstärke sind die Attribute,
welche dich zu Mir und Meiner Hoheit führen

Dein Ausserordentliches ist für Mich der Alltag
fulminanter Taten

Labile Typen lassen sich, als wärs am Gummiband,
bald hier bald dorthin dirigieren

Das Meisterliche hält sich nicht bei Kleinlichkeiten auf,
derweil es sich dem Überragenden verpflichtet fühlt

Aufwendig ist nur das, was ohne Freude geschieht,
dem Zeitenfluss entgegen

Was dich betrifft besteht Gefahr,
dass du den Weg verpassest nach Arkadien

Effizienz in *Meinem* Sinne ist auf maximalen
Geistesnutzen ausgelegt

Bei Mir sind Exzesse nicht vonnöten,
weil Ich alles, was da *ist,* vollkommen selbstbewusst
beherrsche

Miniaturen sind bei Mir beliebt,
wenn sie sich seinsgerecht verhalten

Meine Künste sind des Gottes Günste im Allhier

1.6

In Reinkultur gemeinnützig kannst du nimmer sein,
solang du dich als Individuum erfühlst,
aus Mir und Meinem Seligsein hinausgegangen

Was dich betrifft besteht latent die Tücke der
Vereinzelung, statt dich ins Ganze einzufühlen. Das
schafft Verwirrung in den Welt- und Geistesräumen und
behindert die Entfaltung Meiner Ideale folgenschwer

In deinen Spinnereien gilt die gängige Parole: brüte
schweigend über deinen Plänen. In *Meinen* Räumen
jedoch herrschen Offenheit, Redseligkeit und seelenvolle
Harmonie

Bist du dankbar für dein Sein, schliessen sich die
Geisteskreise, wie die irdischen, in einen

Alles Gütige an sich ist leichthin zu begreifen
in der Myriadenschar der menschlichen Gemüter

Formidabel sind die Wertungen, die du erreichst,
hast du *Meine* Hürden übersprungen

Wer auslegt legt auch ein in wunderbar
empfängliche und feine Seelen

Was sich liebt beglückt sich zweifellos
in hunderttausend Variationen

Profanes lass die Umwelt leisten,
du aber ringe dich zu *Meiner* Unermesslichkeit empor

Dafür ist alles gut für deinen Glauben an das Sein
in der Unendlichkeit des Lebens

Das Meisterliche führt dich steil hinan
in Meine wundervollen Gärten

Vergissmeinnicht und Männertreu begleiten jeden deiner
Schritte hin zu Mir in das Refugium der wahren
Menschlichkeit und seelenvollen Seinsmanier

In Meinen silberhellen Räumen wird nur einer zu dir
sprechen, der Ich Bin, und dessen du dir hell bewusst bist
in des Seins Behutsamkeit und Allegrie

Bei Mir angekommen wirst du keinen Mangel spüren
an Versiertheit, Tatkraft und erschütterndem Genie

Ich heisse dich an jeder Stelle hoch willkommen,
wo du Bist und wo du *Meine* Züge annimmst
im gesegneten Allhier

Bist du *einmal* nur empfänglich für Mein Sein geworden,
wirst du es für immer schätzen und im Innersten verstehn

Am Süssesten sind deine Träume, wenn sie von Mir
ausgedacht und in dein Herz geschrieben sind,
aus lauter Liebe

Kerngesund und ewig jung zu sein ist etwas, wovon viele
innig träumen. Ich aber *Bin* es in der Lichtflut reinen
Seins schon allezeit gewesen

Vieles, was du dir erlaubst, entlaubt dein Ich
und lässt es in den Weltenstürmen darben

Du glaubst es kaum, wie sehr Ich Mich um dich bemühe
und dir solitäre Wege öffne im von Mir
behüteten Allhier

Wovon du lebst, ist *Meines* Lebens Aperçu und
Anekdote

Was kannst du überzeugter und besonnener vertreten
als Mein Wort, in hunderttausend Variationen

Leiste keinen Widerstand
wo andere dein Werk beharrlicher vertreten

Wache heraus!, bedeutet dir der Abendstern,
damit die Weltennacht zur Glorie wird für dein gesamtes
Sein und Leben

Ich handle mit geistigem Getöpf und bitte dich,
es niemals zu zerschlagen

Auf der Basis Meines Wohlgesangs vermagst du
glücklich und erfinderisch zu leben

Keine Spur von Resignation, nur der Wille glorios,
wahrhaftig, gut und liebevoll zu sein,
soll dich rund um die Uhr beseelen

Ich spreche unvermittelt in dein Herz
was dich zu Mir erhebt in wonnevollen Tagen

Wie winzig bist du und wie grandios
wenn du dich ganz in *Meine* Hand gegeben

Weil *Ich* der wahre Könner bin, kannst du dich ruhig
unter Meinen Schutz begeben

Du hast A und B gesagt und darfst dich deshalb
überglücklich an der Weltenschöpfung weiden

Das Konstante wird auch dir gefallen alsobald, wie du
im Sein gefestigt bist nach Meinen Abermassen

Eine Welt von Anmut und Entzücken breit Ich vor dir
aus, du brauchst sie nur gebührend wahrzunehmen

In Mir ist Heil und Heiligung für ehrfurchtsvolle Seelen

Was *Ich* beschreibe ist für dich besonders schön,
wenn du's zum erstenmal erfährst in deinem langen
Fürstenleben

Das Wesentliche ist nicht *wo* du, sondern *wie* du Bist, in
Meinen seelenvollen Armen

Ich handle mit offenbaren Geheimnissen
mit bestem Erfolg

Erst die Kombination von Sein und Werden
macht dich wahrhaft grandios

Oberstes Gebot ist Schweigen vor dem Unermesslichen,
das dich in Seine Räume zieht

Forschheit ist nicht *Meine* Sache in des Daseins
hocherhabenem Vorübergehn

1.7
Positives überwiegt, wenn du erkennst wieviel Genie
vonnöten ist, um nur *ein* Mückleins Flügelschlag
zu generieren

Das Weltenei will ausgebrütet werden
inklusive dir in deinem Höhwärtsstreben

Das Wunderbare wartet wohlgemut vor deinem Tor,
du brauchst es nur hereinzulassen

Der Sinn geht jederzeit mit dir spazieren, du brauchst ihn
nur in seinem Element zu sehn

Was dich bewegt bewegt Mich ebenso
in der Seinsgestimmtheit die Mir eigen

Woran es liegt ist immer dein bedeutendes Entscheiden

Des Lebens Munterkeit beginnt in deines Herzens
silberheller Grube

Wahrhaft schöne Welten findest du gewiss in Meiner
Hemisphäre lichten Himmeln zu

Wo ist die Würze der Geschichte: Dort wo du der Pfeffer
bist bei Meinem Mittagsmahl.

Deine Klage schreit zum Himmel, und Ich mildere dein
Weh, geliebtes Bummerchen, von Herzen

Treue wirkt bei Mir wie Balsam
in der Offenheit der Sphären

Funken sprühen wo getan wird, was *Ich* will,
im Bergbau Meiner Inspirationen

Kommst du zu spät, kannst du den Zug nie mehr
erreichen, den Ich dir bewusst zurechtgelegt

Was dir noch fehlt ist der Elan
dich dem Sinnbild Meiner Taten anzugleichen

Kopfscheu sollst du Mir nicht werden, selbst wenn Ich
dich, einem Esel gleich, mit Schwergepäck belade

Was immer du vollbringst gewinnt den Sinn
aus Meinen Geisteshintergründen

Was tapfer ist muss demgemäss auch treu sein
in den Hallen Meiner Kunst, dich seinsgerecht zu führen

Kaum ein Meister ist so generös, wie *Ich* es bin,
im laufenden Gedulden

Mein Markenzeichen sind die Offenbarungen, die Ich dir
ständig vor's Gemüt drapiere

Vor Mir brauchst du dich niemals zu genieren,
weil Ich schon alles weiss, derweil du dir's gedacht

Schöpferkraftgedanken lass Ich durch dein Sinnen
perlen, wohlgemut und makellos

Wer kreiert darf sicher sein, dass *Ich* ihm dabei stets
die Schulter überschaue

1.8

Für dich und alle Bin Ich immer noch der Einzige, der
wirklich zählt und der von keiner Sachlichkeit behindert
ist in seinem liebevoll verbindlichen Rumoren

Der Zweck der Weltenübung ist noch immer, Meiner
Schöpferleidenschaft zu frönen in ungezählten
Variationen

Alles Nichtige vernichten und dem Prosperierenden ein
Ständchen singen sollst du mit der Absicht, alles, was dir
in die Fingerchen gerät, rechst schön geformt und
liebenswürdig wieder daraus zu entlassen

Meine Warnung gilt den sauren Brüdern, denen nichts
mehr heilig ist und die zum Vornherein auf Seelen-
sauberkeit verzichten

Kommst du zu Mir, ist alles aufgeräumt und an den
rechten Ort gestellt, bis es in schöpferfreudigen Tumulten
wieder in enorme Wildernis gerät

Achte immer auf den Comment, den Ich dir im Schul-
tornister auf den grandiosen Weltenbummel mitgegeben
habe

Monetäre Dinge sind wohl nützlich, doch sie haben
die Tendenz, dich zu beherrschen, und
auf's glatte Eis zu führen

Wo du so vieles weisst, sollst du auch wissen,
dass du Bist

Bewusst zu werden ist das höchste der Gefühle,
deinem Stand gemäss

Mit Mir und ohne Mich ist eins vom anderen
wie Tag und Nacht verschieden

Mit Komfort geistiger Natur wirst du versehen,
wenn du Mich zum Meister und Gespan erwählst

Schadlos will Ich dich erhalten
unter *Meiner* Schwinge und Regie

Ist *Mein* Wille recht an dir geschehn,
ergehst du dich in Freudentänzen ob dem Herzensglück
das dich darob beseelt

Willst du glückselig sein, so halte dich an das
was *Ich* dir liebevoll vor's staunende Gewissen lege

Alles was dich stärker macht
ist Meinen geistbeseelten Kräften zuzuschreiben

Mit deiner Weisheit ist nur wenig anzufangen,
solang die *Meine* nicht gekonnt darüber weht

Siehst du dich wie in Trance agieren,
kannst du sicher sein, dass *Ich* dich
sicher durch die Lebenswirbel navigiere

Nie zu spät ist es für dich, das Positive zu ergreifen
das Ich Bin in Reinkultur wie im Beleben
deiner ramponierten Aktionen

Sowie du dich bewegst,
werden von Mir vife Wellen hochgeworfen

Was für dich zählt
wird strikte von Mir ausgelesen

Zuviel des Guten kann dir nicht von Vorteil sein
in deinen wilden Spekulationen

Ich will dein Sein vor deinen Amtskollegen
mühelos vertreten

Dir voran in allen Landen schwingt sich Meines Seins
Gelassenheit und Energie

Bald sind zarte Saiten dem Zerreissen nah,
grobe klingen nicht so schön

Gestattet ist dir alles, was von Meiner Warte aus
gerecht ist, billig und erhaben über allen Weltentreibens
Pharisäertum und Massenware

Wahrhaft ökologisch ist nur was in *Meiner* Hemisphäre
reiner Geistigkeit geschieht

Der Wache sagt per se die Wahrheit, die ihm innewohnt
und die Ich unbedingt vertrete

Kein Studium ist so prägnant
wie das, was *Ich* in dir betreibe

Das Kalendarium der Zeiten prägt dir ständig ein,
dass du noch Luft hast dich zu bessern
in des Seins erhabenem Revier

1.9

Wie oft hab Ich dir schon geraten, edel und gefasst zu sein, und du bist schamlos ausgeflippt
aus Meinen heiligmachenden Geboten

Witze sollen genial und tunlich sein,
selbst wenn sie Blosses von uns zeigen

Kauderwelsch ist niemals Meine Art
Mich auszusprechen und so wenig soll es deine sein
in deinem Drang, einwenig Aufschnitt zu servieren

Hüte dich vor Achterschlangenreden,
denn die Langeweile gähnt sie unbarmherzig an

Sind deine Zirkel auch banal, so sollen sie zum mindesten
der Ehrlichkeit und Sauberkeit die Stange halten

Sowie du Bist, verändert sich dein Weltbild zur
Erhabenheit und zur Glückseligkeit in Mir

Zweifel darf es bei der Meisterschaft nicht geben. Du bist
dir sicher, dass der Dreh gelingt und dass das Herz
darüber singt in freudigem Begehren

2

Des Gottes Konterfei

2.1

An die Küste Eldorados will Ich dich gelassen führen,
damit du dort in liebevollen Seinsgesängen dich ergehst

Was wahrhaft spritzig ist, kann nur von *Meiner* Seite
frohes und begehrenswertes Wasser sein

Bekannte haben die Tendenz, so rasch wie möglich
von dir wegzukommen, wenn es irgendwie um Hilfe geht

Kannst du denkend schreiben, so notiere dir
das Sprüchlein: Meine Züge sind des Gottes Konterfei

Opportun ist nicht, was du dir vorstellst, sondern
was *Ich* Mir als Weltenziel vor Augen halte

Wer sich bei Mir meldet, hält auf jeden Fall
die besten Trümpfe in der Hand

Mit angemessnen Kosten bist du mit dem Köstlichen
verbunden, beim Schäbigen oft mit dem falschen Finger

Du hast dich einzuschiessen, wenn du hin und wider
schwadronierst, Ich nicht, derweil Ich
mit perfekter Rundsicht operiere

Selbst das Grösste, was du tun kannst, ist dem Meinen
noch gewaltig unterlegen, weil *Ich* alles schaffe
was geschieht im Weltenwundergarten

Möchtegerne sind von Mir nicht sonderlich geschätzt,
weil Ich ihrer Weisheit jederzeit misstraue

Mehr ist nicht aus Mir herauszuholen,
weil Ich dir schon alles, was da *ist*, gewidmet habe

Was *du* dir denkst, ist niemals *Meines*
grandiosen Überlegens Kubatur

Viele Hunde sind des Hasen Tod ist immer aktuell,
in *deines* Weltseins silberglänzender Montur

Ausgerechnet du willst *Mich* begreifen,
wo du dich selbst noch lang nicht wirst begriffen haben

Kleine Geister glauben sich schön gross, derweil die
wahrhaft grossen keinen Sinn für solchen Unsinn haben

Der Zahn der Zeit scheint auch an deinem
Welterscheinen pausenlos zu nagen, derweil er bei Mir
keine Chance hat Mich knabbernd anzugehn

Der Wirkung deiner Taten wird von Mir im Sinn des
Ewigen gemessen und bewegt sich noch sehr oft
dem Nullbefund entgegen

Künstliche Gebisse schätzen es,
sich im Wasser zu erholen

Von Staub zu Staub gehst du, derweil dein Ich beständig
weiterlebt, unendlich hocherhaben

Den Kropf zu leeren macht nur Sinn, wenn er
zur selben Zeit verschwindet aus dem Blickfeld
deiner Lebenspoesie

2.2

Die bange Frage: Können Myriaden Wesen ihren
wackeligen Lebensthron befestigen, damit er niemals
einbricht unter ihnen?

Mit jedem Tag kannst du die Freude wachsen lassen
am geselligen Daheim, sofern du's mit Mir teilst in allen
Regungen und Regionen

Was mag der Grund für deinen Herzensjubel sein: Dass
du *Mich* erkannt hast als das Tiefste wie das Höchste
in des Universums makelloser Symmetrie

Kein Wesen ist auf Erden, das nicht von Mir beseelt ist
und mit Schöpferkraft begabt

Bitte melde dich bei Mir, wenn du bereit bist, alles
von Mir anzunehmen, was tunlich ist für Seinsverklärte

Du sollst nicht glauben, dass du einzigartig bist solange,
bis du Mich, den Einzigartigen, in dir erkannt hast,
seelenvoll und wunderbar

Kommt dir auch alles Gute sehr gelegen, soll
das Bedenkliche stets von dir ausgemistet werden

Sind deine Adern zorngeschwollen, nützest du Mir gar
nicht viel im Team, das Mich galant vertreten sollte

Wen wunderts, dass du Mich verfehlst, wo du so
manchen Seinstermin verpassest
im hastigen Vorüberlaufen

Ich staune wie es dir gelingt, so viel Grütze auf des
Lebens Wohlfahrt zu verwenden, Mich dabei
vergessend in des Daseins Wunderspiel

Mit gezücktem Schwerte brauchst du nicht für Mich zu kämpfen, jedoch mit des Geistes Gaben, die Ich dir vertrauensvoll verlieh

Tauchst du in Mich unter, wirst du bald Genesung und Relieve verspüren in des Seins erwartungsvollem Resümee

Mirabellen sind so süss, wenn sie zur rechten Zeit genossen und von dir mit Dankbarkeit bedacht und ausgezeichnet werden

Nur wenn er akkurat für Mich gesäubert ist, kann Ich deinen Hofraum ungeniert betreten

Auf dem Weg ins Ziel kannst du *Meiner* Karten keineswegs entbehren

Was schmuck ist ist auch wohlbekömmlich, selbst in Meiner Augen unergründlich offnen Tiefen

Was dir so genehm ist, braucht noch lange nicht *Mein* Wohlgefallen zu erregen

2.3
Spitzfindigkeiten sind nicht dazu angetan den guten Ton gehörig zu vermehren

Was nützt es dir um, weniges zu streiten, wenn du dabei so viel verlierst

Befreundet sein kann dir nicht schaden, es frägt sich nur mit wem

Hoch zu Ross kommt er daher. Ich halte dafür, dass du weißt, wie köstlich Ich dich damit unterhalte

Es koste was es wolle, ist nicht unbesehen zu empfehlen,
denn es könnte deine Mittel masslos übersteigen

In Dumpfheit serbelst du dahin, derweil Ich dich
auf's Angenehmste wecken will

Trügerisch sind nicht nur Frauenherzen, sondern auch
viel männliche Kaliber

Ständig auf der Lauer nach dem Glück,
wirst du es nimmer intus haben

Guten Willen gönn Ich dir von Herzen,
vor allem, wenn du's besser haben willst

Was rat Ich dir im reizenden Allhier: Du solltest dich
bedeutender im Zügel halten

Moderat ist besser als forciert,
um keine Stränge zu zerreissen

Gerne streck Ich dir was vor, wenn du's nur zurückzahlst
mit dezenten Freundesgaben

Was fordert dich heraus, wenn nicht Mein Wille,
dich zu zähmen

Die Spinne spinnt ihr Netz, wie du,
zu ihren Gunsten

Was du begreifen solltest ist
die Redlichkeit der Himmelssphären

Alles ist dem Wandel unterworfen,
ausser Mir

Was strahlt ist immer auch belebt
von *Meinem* Strahlen

Ohne Mich kannst du nicht sein,
und Ich nicht ohne deine Kapriolen

Was *Ich* erwäge
wiegt wie Welten schwer

Womit willst du dich beschäftigen, wenn nicht mit
Meinem Sein im Urgrund deiner Tiefen

Kannst du schweigen,
öffnet sich Unendliches in dir

Brav sein heisst nicht,
sich den Weltenwogenei`n entziehn

Ruhst du in dir,
so kann Ich dich zum Seligsein berufen

So breit wie lang sind Meines Universums Tiefen
dir anheimgegeben

Was schöpfst du aus den Fernen,
sieh, Ich Bin dir innig nah

Das Heitersein ist dazu angetan,
dich mit dir selbst zu unterhalten

Im Glanz der Sonne ist die Unermesslichkeit des Alls
zu spüren

2.4

Ruhst du im Frieden, helfen dir die Himmelsgeister
ungeniert voranzukommen in der Ungebundenheit
der Sphären

Rechtschaffen bist du schon, doch ist nun Liebe angesagt
zu allem, was sich durch die Lebenswelt bewegt

Wie edel musst du sein, um vor Mir sicheren Bestand zu
haben

Wer Kraft entfaltet, mässigt sich in seiner Ansicht
gegenüber Meinen universenweiten Dispositionen

Konkret gesagt hat sich schon immer *Meine* Weisheit als
die Beste und Verehrenswerteste erwiesen

Es gibt kaum ein Schlupfloch, das du listig dir erfunden,
und dennoch hab Ich dich in allen aufgestöbert, um dich
wieder auf den Weg zu Mir zu dirigieren

Konstantin schien so vom Sinn des Christseins
überzeugt, dass er`s gewähren liess in seinem
Riesenreiche

Machst du alle Moden mit, wirst du dir schliesslich
vor dir selber lächerlich erscheinen

Kranzturner sind im allgemeinen so beweglich
dass sie sich falten können, einer Schachtel gleich,
im stilisierten Stillstand des Bewegens

Traust du Mir zu, dein Weggefährte, Führer und Galan
zu sein, sollst du dich mehr um die Verwirklichung
der Traulichkeit bemühen

Das Edle schwimmt dir sicherlich davon, wenn du
nicht ständig dich bemühst, es sinngemäss zu pflegen.

Glaubhaft bist du nur, wenn du auch selber glaubst
wovon du ständig faselst

Genügsam wie die Tauben sollst du werden, dankbar
für die Körnchen die zu picken dir gelingt

Kosmetik tut auch deiner Seele wohl, indem du ihr
durch heiteres Benehmen Glanz und Glorie verleihst

Trittst *du* im Morgenrot daher, will Ich deine
Wachheit freudevoll begrüssen

Wovon du Abschied nimmst, kann dir wohl
kaum noch schaden

Ein Grossmaul ist bei Mir in keinem noch so prächtigen
Register aufzufinden

Die Hasen erzählen sich's mit hochgestellten Öhrchen,
was ihrem Kohl noch fehlt

Alles läuft - und geht

2.5
Unbemittelte sind bei Mir hochwillkommen,
sofern sie wissen, dass sie's sind

Kurz gefasst ist halb gewonnen
in der Phrasendrescherei von heutzutage

Wer spielt, wird öfters mehr verlieren
als er vordem freudevoll für sich gewann

Bewohnst du den Planeten, bewohnst du demgemäss
das All mit seinen sagenhaften Eigenheiten

Rückbezüglich kann für dich nichts sein, wenn du auf
Mich Bezug nimmst in der Weitsicht deiner Aspirationen

Womit rechnest du, wenn nicht mit *Meinem* unermesslich
weitgedehnten Rahmen?

Nicht zu fett und nicht zu mager soll dir Meine Speise
sein bei der Entfaltung deiner Pläne

Das Grösste was dir hier geschehen kann ist Mich zu
finden in der Fülle deines unermesslichen Elans

Kein Fetisch kann dir gut genug sein, als dass du bald
nach einem besseren verlangst in deinem nie befriedeten
Verlangen

Du neigst dazu, dich stets in weitere Affären zu
verwickeln, die dir nichts als Mühe und Verdruss
bereiten

Nur die Konstanz in deinen gut befundenen
Beschäftigungen kann dich von der Hektik deines
üblichen Gebarens liebevoll erlösen

Ohne volle Garantie wird bei Mir nichts passieren,
weil Ich Garant Bin für unendliches Geschehn

Wie weisst du denn, dass *Ich* dich Tag für Tag im Sein
erhalte? Durch das Wort das deine Seele
vom Unendlichen umströmt

Das Offensichtliche ist noch lange nicht Mein Stil,
derweil Ich Meine Wirkung im Verborgenen entfalte

Willst du wissen, wie das Kommende entsteht,
kannst du ruhig *Mich* befragen

2.6

An der Klagemauer will Ich Mir erlauschen, was dir fehlt,
und dich darauf mit allem Nötigen versorgen

Wo gesammelt wird Bin Ich dabei
Mich gütigst zu verteilen

Nur das Wort «Ich Bin»
der Rest ist Schweigen

Bitte kreide Mir nicht an, was Ich
auf Meine Art zum Guten lenke

Ich lege zu, wo noch so viele andere
konstant verlieren

Was du von Mir erfährst hat ohne Zweifel
Ewigkeitscharakter mit Betonung auf *«das ist's»*

Woran du dich erhebst
ist *Meiner* Kräfte Steigen

Bist du geneigt von Mir zu lernen, unterweise Ich dich in
der Kunst zu Sinnen und das Sein herzinnig zu verstehn

Ohne Not sollst du nicht zu Mir kommen, denn Ich
werde dir empfehlen, zuallerst dir selbst zu helfen

In jedem Fall gewinnst du mehr, wenn Ich dir
Meine Weisheit offenbare

Bist du zu klug, kann Ich dir schwerlich
Meinen Wissensstand vergeben

Was dich mit Mir verbindet führt alleweil
zum selben hocherhabnen Ziel

Betagte können es kaum fassen, dass sie so lange nicht
mit Mir verbunden waren

Was glaubst du, dass Ich von dir halte, wenn Ich dich in
deinem wahren Wesen seh

Was dein Sein betrifft, kann Ich dir nur versichern, dass
es ewig ist und unerschöpflich, unbestechlich und
bezaubernd schön

Wachen tut Not, wie In-den-Tag-Hineingehn
mit gefüllten Willenssegeln, um an ihnen
wunderbararweise zu gesunden

Nicht vergrämen soll dich das Verlorene,
hingegen suche Neues zu erfinden

Formsachen sind nicht eben attraktiv, doch kannst du
alles andere mit deiner Fantasie beflügeln, dass es leicht
wird, zauberhaft und wunderschön

2.7

Das Wackere verleiht sich selbst den Ehrenpreis im
Handeln, Wandeln, Wirken und Die-Welt-im-Innersten-
Verstehn

Wie artig und weise bist du schon, derweil du *Meiner*
Schulung erst am Rande angehörst

Zwitschern dir's die Vöglein in die Ohren, dass die Welt
ein Zaubergarten ist in der Natürlichkeit und Grazie ihrer
Lebewesen

Eine Welle der Bewunderung von deinen Fähigkeiten schwappt dir aus dem Menschenvolk empor, sowie du in Mir wach und seinsbewusst geworden bist

Tagtäglich sollst du um dein Recht zu sein
gehörig streiten

Was Moral ist brauche Ich dir nicht zu sagen, doch du achtest ihrer nicht in deinem Brausen, Sausen und Dein-Sein-Verweltlichen

Bewusst und tapfer sollst du dich durch's ganze Leben führen und dich zudem als ein Held an Meiner grünen Seite kämpfen sehn

In deinem Mich-Umkreisen sollst du selig ruhn

Das Konzept ist einfach, doch die Konsequenz daraus ist überaus gedankenschwer, mäuschenzart und weise

Was empfindest du, wenn dich die linden Klänge der Glückseligkeit geheimnisvoll umgarnen?

Überhaupt ist Wählen ein beliebtes Gaukelspiel

Hast du dich selber überwunden, geht dir alles leicht und liebvoll von der Hand, in die Ich so viel Gutes und Begehrenswertes legte

Kräftig applaudieren wird der dir,
dem immer du Beachtung und Verehrung zolltest

Mein Lasso ist gehörig dazu angetan, auch dich mit Schwung und Rasse einzufangen, um dich dem Herrn der Welten unverzüglich zur Verfügung und Verherrlichung zu stellen

2.8

Was es alles zu erzählen gibt, ist noch lange nicht so
wichtig wie Mein himmelweites Resümee

Die Blumen welken und viel Menschenherzen noch dazu

Ich spreche dich in Hieroglyphen an und du hast sie
beileibe zu entziffern mit unendlichem Elan

Schwarzwurz ist so weiss wie Anton, wenn sie nur ans
Licht gebracht wird, um dich gütlich zu ernähren

Wer ist dem Zauber dieser Welt erlegen? Du,
und einmal wirst du das Warum erfahren

Schon mancher Trost ist dir beschieden worden, doch
den einen, Mich zu schauen, hast du wohl noch nie erlebt

Wo brennt's will Ich dich füglich fragen,
derweil du irr herumrennst in der Zeitennot

Lass ruhig ein vergnügtes Bächlein über deine Füsschen
fliessen, dir das Mütchen abzukühlen, das dich alsolange
schon beseelt

Vor deinen Augen habe Ich schon manchen Aufbruch
inszeniert, nun ist an dir die Reihe, guter Kamerad

Gewaltsam muss nichts sein, jedoch gewaltig in der
Unerbittlichkeit der Geistessphären

Bist du zum Strolch geworden, strolche Ich mit dir durch
Berg und Tal, damit du Meinem Einfluss nicht entgehst
in abertausend Variationen

Gleich wirst du sehen, was *Ich* für dich Bin
und deines Jubels wird kein Ende sein

Kronzeuge deiner selbst sollst du dir werden
in der Abgeschiedenheit vom Weltentreiben

Manche Wirrsal löst sich auf, sowie du Meiner Einheit
huldigst im Unendlichen

2.9

Was immer dich beschäftigt
soll einen Schuss Unendlichkeit enthalten

Was dich zwickt, ist immer auch ein Ansporn
zum Erringen Meiner Höhenzüge

Kannst du schwimmen, schwimme Meinen Ufern
seliger Gelassenheit und Gottesminne zu

Bevor du gehst, geh *Ich* dir immer einen Riesenschritt
voran

Du darfst dich rühmen, Meinem Konterfei zu gleichen
in des Seins Bewusstheit und Regie

Tragisch ist es, wenn du nicht erkennst, wie sehr Ich dich
in Meines Herzens Wiege mit Mir trage

Die Weise grosser Weisheit ist nur selten heimisch
bei den Wirtschaftskapitänen

In Kürze trag Ich vor, was Ich Mir in ellenlangem Üben
angeeignet habe

Es ist kein Scherz, wenn Ich dir sage: Bei Mir stimmt
alles, was da *ist,* auf's Beste und ist stets das Pünktchen
auf dem I von *Meiner* Sorte des Begabens

Du stellst den Aufwand in den Mittelpunkt, derweil *Ich*
Mich zum überragenden Ergebnis wende in der
Wohlbekömmlichkeit und Würde Meiner Sphären

Ich kneife nie, wenn es Mir darum geht aus einem
Niederen ein Höherwertiges herauszudestillieren

Kannst du dich im Zügel halten, halte Ich dich als
vermögenden und ausgereiften Magier an Meinem
Fürstenhofe

Die Melodie des Lebens lehre Ich dich
frei herauszusingen, Mir entgegen

Nun heisst es für dich wacker in die Zügel fahren,
damit dein Lebensfeuerwagen sich zu Meinen Himmeln
hinbewegt im Sinne von Elias, dem Gekrönten

Merkantil, doch keineswegs makaber, soll dein Tun und
Lassen sein, damit es vor Mir Gnade finde auf der
Götter Segensspur

Kostbar ist von kostenpflichtig jederzeit zu unterscheiden
und ist auch dir auf's Dringlichste an's Herz gelegt

Vom Liebessturm zur Eile angetrieben sollst auch du
Mein Werk an dir niemals verraten

2.10

Aus deinem Katakombenleben steigen sollst du unver-
züglich, um des Lichtes unter Meinem Himmel zu
geniessen und ein Mensch der Freiheit und der Zuver-
sicht zu sein in jeder Weise des Begreifens

Von Moll zu Dur sollst du dich wandeln im Gemüt, damit
auch deine Welt die Farbe der Glückseligkeit erhält in
deines Seins Gewissheit und Elan

Du bist stets versucht, vor dir selber alles zu bedeuten,
doch vergissest du dabei den Einen, Hochbedeutenden
im lichterstrahlenden Azur

Du bist nicht Mein, bevor du dein geworden bist
mit allen recht profanen, simultanen Nöten

Deiner Weisheit letzter Schluss ist oft der gloriose
Anfang eines Aufstiegs hin zu Mir und Meinen
götterlichten Raritäten

Geliebt zu werden macht dich stark und melodiös

Bist du bereit, den Preis für das, was Ich dir Bin, zu
zahlen, gib dich vollends hin im Wunder des Vermählens

Kaum find Ich Worte für das Glück das Mich beseelt
im makellosen Seinserfahren

Bist du fähig, Mir zu folgen, packe alles,
was dir zukommt, richtig an

Überwinden heisst, den Freibrief für's Elysium erstehn

Was treibt dich ständig hin zu Mir?
Die Sehnsucht nach Glückseligkeit und Frieden

Von Mal zu Mal intenser ist der Aufruf, den Ich zu dir
trage: Komm und sei voll Selbstvertrauen

Reife Früchte sind, bevor sie faulen, zu geniessen

Der Pudel wird erst nass, wenn er ins Wasser springt,
dann schüttelt er sich voll Begeisterung wieder

Die Mäzene wissen oft nicht was sie tun
und was sie lassen sollten

Taumelst du, so stärke Ich dein Wollen, wunderbar

Ich Bin die einzige Perspektive, die wirklich zählt,
in deinem fulminanten Streben

Deine Seinsgeschichte hat ein Ende, wenn du *ES* erreicht
hast in der Fülle deiner Zeiten

Um schwer vor Mir zu wiegen kannst du schwerlich
Leichtsinn treiben

Gegen Unsinn gibt es keine Pille, du musst ihn durch
Bewusstheit selbst beheben

Mach dir einen Spass daraus, Herzensgüte zu verströmen

Lass es dir nicht nehmen, in der vollen Wachheit wie im
Paradies zu leben

2.11

Die Liebe scheint dich immer wieder in die Unvernunft
zu treiben. Doch in *Meinen* Augen ist sie einzigartig,
weise, licht und schön

Wer ist weiser, wirkungsvoller und gerechter im Ver-
teilen seiner Gaben als gerade Ich, in der bedeutungs-
vollen Lauterkeit und Feinheit Meines Wesens

Wie bewältigst du, was dir bevorsteht, ohne jemals
aufzugeben? *Meinem* Duktus und Befehl, wie der
enormen Kraft gemäss, die Ich dir dazu spende

Gross im Guten und ein Nichts im Bösen Bin Ich ohne
lang zu faseln in der Wohlfahrt, die Ich ohne Unterlass
an alle Welt verströme

Pflichtest du Mir bei, wenn Ich dir in allem Ernst von Meiner Sagenhaftigkeit erzähle?

Mein Bestand an Güte und Barmherzigkeit ist unermesslich und kommt auch dir in wunderbarer Fülle zu

Wer könnte je den Blick von Meiner Schönheit wenden, wenn sie ihn gepackt und vollends für sich eingenommen hat?

Einen Psalter ist schon etwas, heutzutags, zu beten. Doch strengt es weniger an, als *Mich* ins Zielfeld deiner Wünsche und bedeutenden Verehrungen zu heben

Machenschaften sind recht unbeliebt in Meinem gottbegnadeten Gehege. Und so frage Ich denn, was machst du?

Blitzblank gescheuert soll der Boden sein, den Ich, auf dem Weg zu dir, mit feinem Fuss betrete

Kontinuierlich soll in dir das Seinsbewusstsein reifen, mit der Absicht Mich zu finden in des Daseins hochsensiblem Korrelat

Was bei dir gang und gäbe ist, muss keinenfalls bei Mir auch sein

Horchen und Gehorchen schliesse du in die Betrachtung deines Seinsverhaltens ein, Mich zuvörderst zu verehren

Ein Mann, ein Wort soll auch deinerseits in der Beziehung zu Mir gelten

Siehst du dich emporgehoben, darfst du ruhig wissen, dass *Ich* darin zur Stelle war

Im Sanktuarium der Zeit geht nichts und niemand je verloren

Was knapp ist wird von Mir aufs Wohlbekömmlichste bereichert werden

Sorge trage du zu allem was du Bist, um Meinem Anspruch vollends zu genügen

Das Offensichtliche ist nicht Mein Stil,
derweil Ich Meine Wirkung im Verborgenen entfalte

Wie weisst du denn, dass Ich dich Tag für Tag im Sein erhalte und dich darin mit allem Nötigen verseh?

Erst die kleinen Dinge machen dich so richtig grandios indem du ihnen Charme verleihst und Güte, Lieblichkeit und Lebensqualität

Hemmungslos bist du von dem betroffen, was du dir selber eingetrichtert hast, im Bestreben mehr zu sein als andere und dabei Besseres zu leisten

Wer glauben kann, verliert sich unbedingt in Meine Tiefen und erfüllt das Sprichwort, dass der Glaube Seligkeit verleihe in des Herzens heiligem Revier

Willst du dem Paternoster der Vernunft ein Kränzlein winden, sei dir stets bewusst, was du vollbringst in deinem An-dir-Laborieren

„Bevor Ich Mich zur Ruhe lege, will Ich Mich bedanken für den Tag." Dies sei dein trauliches Gepräge, das du nimmer missen magst

Auf der Alm da ist kei Sünd. Doch gibt es frisch
geworfne Fladen, die dich im Fall zum Fluchen bringen
können.

Konfrontationen sollst du nicht vermeiden, denn sie
stärken deinen Willen gut zu sein und sie gelassen
zu bestehn

Ein Mahnmal setze Ich an deine Strasse, das besagt, sei
wachsam vor verführerischen Zirkusclownereien

Den Reiz der Stunde zu geniessen soll dir angelegen sein
im lichterstrahlenden Azur

Wilde Gerüchte sind *Meinem* Haus nicht angemessen, wo
die Klarheit der Gedanken herrscht und wunderbarer
Seelenfrieden

3

Balance heisst das Wort

3.1

Balance heisst das Wort, das sich erklären lässt mit:
Ausgewogenheit, Gottseligkeit und delikater Harmonie

Was traust du dir nicht alles zu als Abbild Meines
hocherhabnen Seinsvertrauens

Kannst du ermessen, wie es Mir zumute ist, im Angesicht
der Myriaden Weltenplagen

Wie ein starrer Block musst du mit Sorgfalt und Geduld
behauen werden, bis du zur vollendeten Gestalt erweckt
bist, meinetwegen

Der Lohn für deine Taten wird dir einst von *Meiner* Hand
in deine – oder auf's Gesäss gezählt

Schmackhaft soll Mir alles sein, was du vollbringst
im Ringelreigen deiner Erdentage

Geht's dir an den Kragen, sollst du alleweil „Ich lerne"
murmeln im erhabenen Gemüte

Wer spinnt, spinnt immer auch das Netz der Wahrheit
über sich und seine Angelegenheiten

Gefällst du dir, so ist es ratsam, gleichenfalls auch Mir
und Meinem Urteil zu gefallen

Dem Ohnehin verpflichtet, steht dir selbstverständlich
zu, das Leben, wie es ist, zu akzeptieren

Wo gehst du hin, wenn nicht in die Gefilde Meiner
Leichtigkeit und Poesie

Ein Kapitän der guten Hoffnung sollst du sein, mit Mir
auf hoher See

Fraglos gehst du auf derselben Fährte deinem Glück
entgegen, so wie *Ich* es immer tu

Kostspielig ist dein Auftritt jedenfalls; so musst du auch
die Kosten tragen

Nicht *ein* Zacken fällt dir aus der Krone, wenn du zulässt,
dass *Ich* sie poliere

Was du immer dir erlaubst, wird irgendwann von Mir
genehmigt oder dann verworfen werden

Was dir ins Auge sticht, kann immer nur für dich
ein Übel sein

Für Meine Liebesgaben ist vor allem Dankbarkeit
von deiner Seite angemessen

Wo willst du bleiben, wenn *Ich* nicht bei dir weile

Meine Rechte weiss genau, was Meine Linke tut
damit Verständnis herrscht im Reich der
siebenhundert Liebesgaben

Geschmeidig wie das Wiesel sollst du dich durch deine
Wesenswelt bewegen, damit am Ende die
Verpflichtungen erfüllt sind, die zuhauf in deinem
Weisbuch stehn

Du magst noch lang am Hinterköpfchen kratzen, richtig
Weise wirst du erst durch *Meine* Weisheit werden

Gelingt es dir mit Mir auf Augenhöhe zu verhandeln, hat
sich ein Menschheitstraum erfüllt an deinem Wesen

Wie die Spitze eines Eisbergs siehst du *Mich* aus deines Wesens Wassern stossen. Derweil bist du dazu berufen, auch dem, was darunterliegt, beseligt auf die Spur zu kommen

Von Meistern rings umflort, wirst du am Ende selber einer sein, in deines Lebens Wucht und Wirklichkeiten

Das Tapfere ist immer auch mit Mir und *Meinem* Tapfersein verbunden, sollst du wissen kämpfender Kumpan

Eigenbrötelei führt nicht zum Ziel, Vereinigung mit Mir hingegen schon

Ich warne dich vor wuchernden Vermutungen, statt vor dem Sichersein in Meiner Wahrheit kräftigem Befehl

Lass dich nicht im Kreis herum verführen, sondern kreise ständig um *Mein* lichterlohes Wohl

3.2

Mandolinenklänge kitzeln das Gehör, doch Meine Liebe lässt die Herzen überglücklich auferstehn

Gehst du von hinnen, siehst du dich von Mir begleitet bis zum glückerfüllten Dich-im-Ewigen-Begreifen

Der Waage Equilibrium sei dir das tief beschauliche Symbol für Harmonie und Gottesfrieden

Die Gewähr für ewiges Erbauen strömt dir ständig zu aus Meinen götterlichten Schalen, dich tiefinnig zu beglücken

Was hängt dir so zum Hals heraus, wenn nicht die
Langeweile. Was beglückt dich allerliebst? Wenn du im
Feuermodus aufnimmst, was *Ich* dir liebevoll vergebe

Meine Art ist es, dir permanent vom Frieden zu erzählen

Meine Weise, deine Weise, in des Seins bewusster
Regung und Geschmeidigkeit, wo immer Ich dich seh

Nichts ist bewiesen, was nicht *Ich* geplant, gesagt und
hochgehalten habe

Weisst du dich zu wehren, trag Ich dir die Siegesfahne
himmelan

Kommt der Grünspecht dich begrüssen, solltest du an
ihm nichts Rotes sehn

Wer trägt die Schuld an deinem Weltgebaren? Du selbst
mit allen, die dich in die Not getrieben haben

Wach auf zu Mir, Ich will dich deine Geistigkeit
erleben lassen

Das Gesetz der Einheit hallt in dir wie
eine Himmelsmelodie

Versuche nicht Mich abzuhängen, dazu bin *Ich* dir zu nah

Was klappert an Meinem Laden? Es ist der Blauspecht,
der dringend Einlass begehrt

Bewusst im Seelensein zu leben, ist dein schönstes Werk
und deine allerliebste Poesie

Mächtige sind oft die Unbeherrschtesten
in der Gilde der Versierten

Wer sich vorsieht soll auch Nachsicht üben

Die Standarte deines Seins will Ich in kräftigen,
bewundernswerten Farben flattern sehn, damit die
Menschen sich daran erfreuen mögen

Grosses will der Herr an dir vollbringen, wenn du ihn nur
gewähren lässest in der Fülle deiner Lebenstage

Wohlbehütet sollst du dich im Leben sehn, indem du *Mir*
vertraust in deinem Dich-Verwundern

Wo das Verzeihen gang und gäbe ist
wird auch dir voll Edelmut verziehen werden

3.3
Gehab dich wohl, ist Meine gängige Devise allen
gegenüber, die da aktiv sind und sich in aller Welt mit
Vehemenz bestätigen wollen

Klammerst du Mich aus, bist du im Grund genommen
schon verloren

Pfiffig ist der Weise, jedoch stets in *Meinem* Sinn und
Seinsgefühl

Du sollst dich immer wieder fragen, ob dein Weltgefühl
genügt, um diese dezidiert voranzubringen

Gauner sind in ihrem Handwerk
schlichter Ehrlichkeit weit überlegen

Du trauerst dem Vergangenem nicht nach, indem du
Künftiges im Schilde führst, bezaubernd und erhaben

Wer meldet sich bei Mir, wenn Ich Mich für Helden und gerissne Kämpfer interessiere?

Zugleich weich und hart zu sein ist eine Kunst für Fortgeschrittene in Meines Seiens Weltengarten

Tropisch mutet an, was sich in deinem Geist bewegt, doch soll es mitteleuropäisch werden

Ich sende dir den Gruss der Freundschaft aus den Himmelshöhen, wo Ich wese

Die Geschichte deines Rauschens, Tauschens und Vergehns wird stets von Mir und Meinen Bürgen mitgeschrieben, damit erkennbar wird, was du dir Bist im Universenklingen

Jede Motivation geht von Mir aus und kehrt in deinem Handeln wieder

Wer trifft den Nagel besser auf den Kopf, als Ich mit Meinen überird'schen Kraftreserven

Des Langen und Breiten will Ich dir erklären, wie du sein sollst, doch du horchst nicht hin zu deinem unermessnen Schaden

Wendest du dein Antlitz Mir und Meinem Lichte zu, wird dich das Heil und die Gerechtigkeit der Himmelswelten überfluten

Tonangebend ist auf jeden Fall, was Ich bestimme in der orchestralen Lebenssymphonie

Das Überirdische wird die bewundernswerte Stätte sein, die *Ich* dir liebevoll bereitet habe

Die Bedingungen des wahren Lebens sind:
Unsterblichkeit, Alleinigkeit und tieferfahrner
Herzensfrieden

Was immer kommt, muss wieder gehn, nur deines
wahren Wesens Wert verstrahlt Beständigkeit und
wunderbare Weltenharmonie

Wo kommst du hin, sowie du nicht mehr gehen kannst,
was denkst du, wenn dein Hirn verblasst und die
Gedanken all so rasch verfliegen?

Was dir allzu wohl bekommt, ist meist nicht mit
besondrer Tugendhaftigkeit verbunden

3.4
Katastrophen sind die Folge wirren Fehlverhaltens.
Strahlende Erfolge jedoch resultieren aus dem linearen
und entschiedenen Verfolgen Meines Seinsbefehls

Du knabberst ständig an der Ehre und Substanz, die *Ich*
dir ins lebendige Leben mitgegeben habe. Knabbre lieber
auch am Wortspiel, das Ich dir vor Zeiten schon vor's
Näschen legte

Protzig führen sich die Narren auf in ihrem sicheren
Versagen. Dich aber will Ich als bescheidnen Bürger
sehn, der *weiss*, und der mit wissender Gebärde seine
Pflichten meistert wesenhaft vor Mir

Ich zeige dir, wo du noch besser werden kannst, doch
musst du Meinem Finger ständige Beachtung schenken

Wo die Mühlen stille stehn, kann nur *Mein* Wind sie
wieder zum gefälligen Rumoren motivieren

Im Zweifel lass den Wust der Gedanken fahren und halte
dich an das, was *Ich* dir herzensgut besage

Positive Gedanken sind Schöpferkräfte in Reinkultur
die den Weltlauf in kartesischer Bewegung halten

Wovon Ich träume sind die Zeiten der Erfüllung Meiner
Ideale

Dem fünften Rad am Wagen habe *Ich* den Dienst am
Ganzen auferlegt

Alleweil im Aug behalt Ich dich durch dein eigenes
Gesicht im Welterleben

Der Tod ist immer auch das Leben in der Ewigkeiten
Schoss

Magnetisch angezogen bist du vom Sibyllenhaften
allen Lebens

Die wahren Werte sind nur im Unendlichen zu finden

3.5
Machst du mit so mach Ich dich zum König deiner Werte

Mopse mögen dick und mollig sein, *Ich* aber bin es auch
- *und* dünn je nach Belieben

Was an dir lauter ist, wird leise von Mir wahrgenommen.
Was du lauthals um dich schreist
muss wirkungslos im All verhallen

Bis zu den Zähnen mögen alle Wirrenden bewaffnet sein,
du aber gehst den weltlichen Banausen unbeirrt und
sieggewiss entgegen

Hast du dich selber fest im Griff, kann deiner Gotteswelt beileibe nichts Verwerfliches geschehn

Alibaba war mit 40 Räubern unterwegs. Zu wie vielen hast du es gebracht in deinem An-dir-Wüten?

Der Gedanke an das Ewige soll dich zur Heiterkeit und Freude motivieren, denn er gilt ja Mir, dem Wunder an Rechtschaffenheit und Herzensgüte

Ohne Püffe kommst du Mir nicht weg, denn sie fördern deine Wachheit und dein Seinsverlangen

Mangels Beweisen freigesprochen wirst du niemals sein, denn immer Bin *Ich* der Beweis für was du richtig oder falsch getan

Die Kunde von der Feuersbrunst soll dich nicht schrecken, denn sie reinigt, räumt, befruchtet und erhebt

Mein Zorn soll dich nicht treffen, derweil Ich andere mit gutem Grund damit belege

Wohlfeil kannst du nichts von Meiner Seite haben, denn nur gerechte Arbeit zeitigt bei Mir seinsgerechten Lohn

Aufmüpfige können auch von Mir nicht Schonung und Befriedigung erwarten

3.6

Wovor Ich dich beizeiten warne, muss von dir wahrgenommen und subito geändert werden, damit du nicht in's Loch fällst, selbst gegraben

Werte nicht was dir nichts Wert scheint, sondern richte auf, was deiner Helferhand bedarf im unergründlichen Getriebe

Spitzfindigkeiten sind nicht am Platz bei Mir,
aber breit gestreutes Überlegen

Willst du deinen Job verdrossen tun, oder mit dem
Lächeln der verständigen Vernunft begleiten?

Wer kriecht schon gern im Staub und ohne von der
Möglichkeit Gebrauch zu machen, sich aufzurichten zur
erhabenen Figur

Alles Liebe, Gute und Getreue habe Ich von Mir gegeben.
Was Mir je zurückkommt will Ich gar nicht wissen in der
Freude die Mich so beseelt

Alles was du überwunden hast wird dir zum ehernen
Besitz gerechnet auf dem Konto der gottseligen Moral

Dass Schweigen Gold ist, muss Ich dir nicht sagen, doch
ohne silberhelles Reden darfst du keinenfalls an Mir
vorübergehn

Mache dir nichts vor, indem du nachsinnst über deine
Taten, Ich behalte sie auf jeden Fall im Auge, gute oder
miserable

Du vertauschest leichthin, was du Bist, mit dem was du
dir sein willst und sabotierst damit dein Wohlgeraten

Niemand kann dir so gewandt und sicher auf die Schliche
kommen, wie gerade *Ich* in Meinem sagenhaften Alles-
Überschauen

Mählich aber sicher verbreite Ich die Stimmung heiterer
Gelassenheit im gütestrahlenden Gemüte

Ausbund deiner selbst sollst du dir werden, indem du
Mich zum Mittun aufrufst, ständig und entschieden

Hast du geschlafen als Ich dich zu vielen Malen anrief?
Bist du nun erwacht und willst in Meinem Gotteshause
friedevoll und heiter wohnen

Konsequente Riesen sind bei Mir besonders intensiv
geliebt, denn sie vollbringen, was sich ziemt und was
schlussends die Götter wollen

Der enorme Unterschied ist zwischen dir und Mir, dass
du dich nicht erkennst, noch nicht, in deiner Menschen-
gotteswürde

Wer dazu begabt ist höre: Alles was da *ist*, ist Sein von
Meinem Sein und darf sich hochbeglückt im Sichern,
Seelenvollen fühlen

Zweifellos bestimme *Ich* was noch zu tun ist in der
Evolution der Massen, wie der Edukation von jedem
einzelnem in Mir

Wie erklärst du dir die Welt, ohne deine Sicht auf Mich
geklärt zu haben

Scheust du dich davor das Leben zu erleben
kann *Ich* dir bestens auf die Beine helfen

Wie es auch immer um dich steht
will Ich dich liebevoll umstehen

Was dir nottut ist der Fall in Meine Tiefen

Wie kannst du zweifeln an der Güte Meiner Kür
wo Ich dich stets zum Wunderbaren führe

Wogegen du dich sträubst
das muss Ich dir besonders intensiv verehren

Nicht von Pappe ist, mit was Ich dich begabe,
wenn du nur die Gnade hast ihm hold zu sein

In deinem Dich-Verwundern liegt die Würze
deines Reüssierens

Das Wesentliche trägt sich dir in Bildern an von
liebenswerter Harmonie

In *Meinen* Gärten bist du allem Ungemach entronnen

Taufrisch und entschieden lächle Ich dir Seligkeiten zu

3.7

Was spricht der weise, greise Salomon? Ich zähle auf
Mein gottbegnadetes Erkennen, wie die Dinge *sind* in
ihrem Zauber, Milieu und Wohlverhalten

Skandale ringen Mir ein Lächeln ab von gütigem
Verständnis - und Bedauern

Was einer angezettelt hat, das muss er auch mit Anstand
und Gewissenhaftigkeit ertragen, damit *der* Kreis
geschlossen wird, einem neuen noch ereignisvolleren
entgegen

Das Epos deines Rechtens wird kein Ende finden
solange, bis du *Mich* gefunden hast, um damit unbesorgt
im Recht an sich zu weilen

Kämpfe mit, wofür *Ich* kämpfen will, zum
unbedingten Siege

In Mir strahlt dir die Wahrheit, wie die Schönheit an sich,
liebevoll entgegen

Was gewinnst du, wenn du Heilwasser trinkst? Ein gutes Gewissen, sowie ein Gesundheitspflästerchen für den geplagten Magen

Wohlbehalten gehst du aus des Fegefeuers Glut hervor, wenn du dir vornimmst, künftig besser zu agieren

Was macht dich süchtig, wenn nicht Goldgewinn in rauen Mengen

Wer opfert sich schon für ein Nichts, und dennoch opfern sich für ihren Reichtum aberviele

Was dich beschäftigt will dich auch belehren für dein Schicksals künftig Los

Die schöne gute Welt mit ihren Gaben, wenn sie nur auch dir gefällt, du kannst sie haben

Was du nie gekannt hast will Ich dir nun weisen in des Himmels weitgedehntem Saal

Hast du gesehn mit welcher Eleganz sich eine Katze durch ihr Sein bewegt? Von Meiner Schöpferkunst ein treffliches Indiz

Was dringt zu Mir, wenn nicht ein myriadenfaches Stöhnen an den Weltenanimositäten. Ich bringe sie vor deinen Augen auf den Stand der wohlgelungenen Synthese zwischen dir und Mir, wie zwischen allen Lebensgütern, die vor dir aufblühn in bewundernswerten Iterationen

Trachte nicht nach dem Zuviel, derweil es dir zu wenig scheint, sondern strebe einem wunderbarem Equilibrium entgegen, im Wechselspiel der Zeiten

Ich Bin dir immer nah, von Meinem Liebeshimmel
hergetragen

Nicht blechern ist Mein Schutz, sondern aus den
überragenden Gestaltungskräften Meiner Hand gediehen
und an dich verliehen worden

Gute Kammerpflege ist so viel wie wunderbar gepflegte
Umgangsformen, dargestellt an deines Herzens Hofe

Wer webt an deinem Tuch und wer zerreisst es wieder,
wenn nicht *Ich* in Meiner wissenden Gelassenheit dir
gegenüber

Ich fordere von dir nichts weiter als Gehorsam, deinem
Eigensein wie Meinem gegenüber

Eine edle Zahl verbindet dich wie Mich im selben Zug:
die Eins, im All - und allem gegenüber

Kennst du dich, so kennst du *Mich* mit allen
hochgestochenen Schickanen

Wo du dich durchschlägst, hast du *Meines* Schlagens
dich bedient

Einem sturen Kompagnon geschieht es recht, wenn ihm
das Richtige die Kappe wäscht, zu seinem Miss-
vergnügen

Ohne blühende Vernunft sollst du nicht
durch die Büsche preschen

Wie schön du redest, deine Seele zu beschmutzen
die die Wahrheit weiss

3.8

Ich teile mit, dass die Gerechtigkeit von dir verlangt,
 aus freien Stücken, dem der wenig hat die angemessne
Hilfe zuzuhalten

Ein gutes Wort kann heilend wirken,
mehr als hundert blinkende Dukaten

Warnend hebe Ich die Hand vor dem, der sich bereichert,
ohne dafür auch nur eines seiner Fingerchen zu rühren

Ich strafe nicht, doch lasse Ich den Frevler
stets sich selbst bestrafen

Wetten, dass du noch in manche Falle tappst, derweil du
zu bequem bist, dich ins rechte Bild zu setzen

Reichtum lässt sich nicht mit Glück vergleichen

Potentanten sind nur selten seinspotent

Der Griff in fremde Kassen rächt sich unfehlbar,
indem er dich von Mir entfremdet, gnadenlos

Deinem Schlachtruf folgt unfehlbar
kräftiges Verneinen

Einem Schlag ins Wasser ist dein penetranter Ausruf
zu vergleichen.

Gefährlich ist es, wenn du ständig einkaufst
ohne nach dem Preis zu fragen

Die Neuzeit ist der alten überlegen insofern sie darauf
bauen kann

Das Wesen Meiner Güte will dir Heiterkeit vergeben,
derweil du Mir vertraust in deinem Kabinett von
sagenhaftem Wohlgeraten

Erstaunt es dich, wenn dir die Lebensdinge wohl
gelingen, nachdem du *Mich* um Hilfe angefleht?

Ich trage dir die Freiheit an, nur musst du selber deiner
Fesseln dich entschlagen

Fühlst du dich Mir versprochen, kann Ich dir unverholen
auf die Sprünge helfen

Knabberst du an Meinen Marschbefehlen, musst du nicht
erstaunt sein, wenn sie unter deinen Händen
nichtig werden

Spürst du wie Ich hinter dir und vor dir steh

Morgen kannst du vieles nicht mehr so besorgen,
wie's dir heute ohne weiteres gelungen wäre

Auf Du und Du mit den Gerechten Meiner Tage
lässt sich die Evolution vorzüglich an

3.9
Was sind Prinzipien, wenn sie nicht *Meiner* Art
entsprechen durch Äonen

Ich spreche in den Wind solang du nicht zu hören weisst
in deinen Eigendünkeln und verschlissenen Manövern

Malefizisch gehst du vor und merkst nicht,
wie du in die Fallen tappst der tückischen Verführer

Wo sind deine wahren Werte: in den Hirnfibrillen
oder in des Herzens liebevollem Kammerspiel

Könner schlagen ihre Wurzeln bei Mir ein
zum allherrlichen Gelingen

Das Ohnehin hat viel mit Mir zu tun, weil bei Mir alles
selbstverständlich ist und einfach noch dazugehört

Meine grösste Tugend ist die Wertbeständigkeit,
von der Ich grandioserweise zehre

Wie kannst du nur so schwierig sein, wo *Ich* dich
auf's Vorzüglichste bediene

Was du gewinnst, wenn du verlierst ist nicht zu
unterschätzen

Was dich beschäftigt, ist nicht immer dazu angetan
dir eitel Freude zu bereiten

Gehörig schaukle Ich dein Boot, damit du Gnad erflehst
in deinen blanken Nöten

Meisterdinge sind in Meinem Schoss,
hilf Mir doch sie zu gebären

Was du errungen hast, sollst du nicht kampflos
andern überlassen

Klage niemand an, bald könnt es dich
erbarmunslos erwischen

Die Gesetze deines Handelns helfen dir
die Lebensprüfung glanzvoll zu bestehn

Von Mir ist nur die Richtung vorgegeben
dorthin musst du selber dich bemühn

Katastrophen sind mit Meiner Hilfe besser zu prestieren

Eine Prise Glück ist alleweil dabei,
wenn du reüssierst in *Meinen* Breitengraden

Komm Mir nicht zu nah, selbst in deinem Festgewande,
denn es pflegt perfiderweise zu verhüllen, was du Bist in
deinem Seinsprofil

Ein Meister seines Fachs dreht dich wie eine Münze um
und erkennt den wahren Wert der auf dein Hinterteil
geschrieben

Dein Vorteil liegt darin, dass du es fertig bringst ein
wenig nachzugeben, damit die Situation geglättet wird zu
aller Gunsten

Womit du immer handelst, wickelst du dich ein
in Unbekömmlichkeiten, die dich erst recht entfalten an
des Herren Hofe

Immer lohnt es sich für dich ein Credo abzusingen,
vor der mutig aufgezognen Tat

Was in den Magen geht, soll auch dem Munde
angenehm erscheinen

Mundgerecht Bereitetes tut auch dem Magen mächtig
wohl

Kühn und köstlich sollst du jeden Tag beginnen, um ihn
mit derselben Variante im Triumphe zu beschliessen

Mit dem Sein ist nicht zu spassen, weil es dich durchflutet
und umschliesst und dir alles, was du Bist, bedeutet
in der Ewigkeiten Hochburg und Struktur

Das Träfe ist zugleich der Inbegriff von Meinem Sein und
Leben und soll dir stets zum Vorbild, wie zur nie
versiegenden Holdseligkeit gereichen

Ich mache nimmer schlapp, denn Meine Quellen sind so
eingerichtet, dass sie nie versiegen

Was unterlassen ist bewirkt für alle Zeiten einen Mangel
im unendlichen Getriebe

3.10

Kollegial und koscher ist das Angebinde das Ich dir
tagtäglich selbstbewusst gewähre, dem wunderbaren
Wohllaut deines Seins entgegen

Jede Mücke kann für dich zur Tücke werden, wenn du
nicht bewusst und ewig heiter in des Daseins-Rollen
dich bewegst

Klappt es, klappt es Meinetwegen, der Ich dein Behüter
Bin in sagenhaften Dispositionen

Eine mächtige Toccata an der Schwelle zur
Unendlichkeit kann dir nur gut tun, Monsieur, in deinem
Festtagskleide

Schnippisch sein ist nicht in Meine Tageskarte
eingeschrieben, aber artig schon

Was stürmt und türmt sich regelrecht in dir empor,
wenn nicht *Meine* Attitüde wahren Seins und Lebens

Ich komme, sag Ich dir, und du hast Mir zu folgen
derweil Ich dich mit Urgewalt am Wickel halte

„Gross bist du und heilig" hast du unentwegt zu Mir zu sagen, damit Ich deinem Wesen wohlgesinnt bin immerzu im Allgeschehn

Was *Ich* vor deiner Seele aufblühn lasse ist die Ordnung, die die Himmlischen sich konsequent und siegessicher ausbedungen haben

Eine warme Wohlfahrt ist in Mir und Meinen treubesorgten Dienern

Kämpfer sind und Helden die Partikel Meines Wesens die den Seinsbegriff vertrauensvoll verwirklicht haben

Dem Edelmut der Götter bist du ständig ausgeliefert. Nimm ihr Sein und Sehnen unvermittelt an

Was wahrlich kostbar ist verändert deine Sicht auf's Leben und befördert dich in Mir und Meinen sinn-geladnen Qualitäten

Hohe Schule muss das sein, was du zu verbreiten trachtest, sonst verdirbt es ungesehn

Ich stilisiere dich zum Meister in der Disziplin, die du erwählt hast für dein Weiterkommen im Allhier

Sandkastenspiele bieten dir die Übersicht für das, was du erreichen willst in guten Treuen, ohne noch das Ende abzusehn

Wie vom andern Weltenende hergetragen scheint dir manches, was Ich dir zum Überdenken vorgelegt

Vieles scheint dir wild herumzupurzeln
was Ich fest im Griff behalte für dein Wohl

Tausend Nächte und die eine noch dazu, wollen dich im Griff behalten in erzählerischer Ruh

Ich konfrontiere dich mit dem, was du noch leisten sollst eh deine Tage im Unendlichen entschwinden

Eine Köpenickiade ohnegleichen zettelst du beständig an, die Ich dann gnädigst aufzulösen habe

Von der Silberflöte bis zum Kontrabass sind Mir alle deine Töne recht, wenn du sie seelenvoll gestaltest unter deinen flinken Händen

3.11
Hat dich das Heitersein per se erfasst, kann Ich dir nur von Herzen gratulieren, denn das ist ein ewiges Gastgeschenk von Mir

Als Veredelter beginnst du Freude und Gelassenheit, Heiterkeit und innig dargebrachte Wonne zu empfinden

Das Leichte, Lichte und Besonnene, das du von Mir empfängst, bereitet dir immense Freude im natürlich vor dir auferstandenen Allhier

Was du immer ausgestanden, ist von Mir ein Zeichen der Verbindlichkeit mit Meinem Himmelreich und Geisteskabinett in güteströmenden Allweiten

Nicht du, doch *Ich* in dir ist das Relevante, dem zu huldigen du verpflichtet bist, um alles, was du Bist, gehörig zu sanieren

Was immer du erreicht hast, lege ganz bewusst auf Meinen Seinsaltar damit Ich es gehörig segnen kann für weiteres Gelingen

Topfit will *Ich* dich vor Mir sehn, damit die Sage sich erfülle von der Einheit allen Seins und Lebens

Blütenzart und züchtig soll dein Leben fürderhin verlaufen, damit dir Meine Gärten reinen Glückes offen sind im Lichterstrahlen

Was dich verschroben dünken kann ist Meine Art Mich auszusprechen in der Götterstunde, nicht von hier

Befriedet und begütet sollst du dich empfinden in der Schau auf was du dir geworden bist, unter Meiner gottgesegneten Regie

Ich will in dir, das Glück zu sein, erleben

3.12
Sei und singe

Die Modalität des Dich-Bewegens richtet sich bewusst nach Meiner aus im tausendfachen Dich-Bewähren

Merkwürdig seien dir die Höhepunkte, zu denen Ich dich weise, meisterlich und folgenschwer

Trägst du deine Bürde, trage Ich sie mit und lasse dich nie darben in der Wüste der Gewalten

Deine Frohheit überwiegt die Rohheit dieser Welt ums Hundertfache und verstrahlt sich friedevoll und tüchtig in die Menschenweiten

Lässest du dich lieben, lasse Ich es noch viel mehr und befördere mit Gotteskraft dein Streben

Kunst ist die Offenbarung göttlicher Gefühle

Niemand verarmt in Meinen Armen

Deine schöpferischen Qualitäten sind in Meinem Wesen
reif geworden

Besser heiss denn kühl; feuerrot gewinnt den goldenen
Pokal

Wann stürzest du dich in die Anmut Meines Wesens,
kühner Magistrat

Froh und kräftig will Ich dich an Meinen Brüsten
hangen sehn

Wo du immer hintreibst, treibe Ich dich an

„Oben so wie unten" gilt auch für dich
bewundernswertes Differential

Was Mir genügt soll auch für dich genügend sein

Wo setzest du dich hin, wo *Ich* dir einen Thron an Meiner
Seite aufgerichtet habe

In Meinen Hallen kann es dir an Köstlichkeiten
nimmer fehlen

In Trautheit will Ich dich umfangen
ohne nach Entgelt dafür zu fragen

Das Mystische an Meinen Äusserungen
will dich in der Geistwelt baden

Vom Morgen bis zum Abend begütet dich von Mir
dieselbe fabelhafte Signatur

Trifft es dich gut, so bist du allemal von Mir
getroffen worden

Nur auf deinen Wink will Ich in angemessener Weise
reagieren

Du gibst Mir Kunde von dem Zustand deiner wie auch
Meiner kuriosen Lebenswelten

Bewahre dich im Sein, damit die Sage von elysischen
Gefühlen neue Nahrung findet

Tiefbeglückt sollst du bei Mir von dannen gehn

Mein Mass an Gnade strömt dir zu
nach deinem sehnlichen Verlangen

Gewandt und prächtig klingt dir Meine Melodie
in beide Ohren

Du gibst Mir einen Wink und vergibst Mir damit
alle Winke, vielgeliebtes Herz

3.13
Wiederhole dich sooft du kannst in der Verkündigung
von Meinem Wohlgeraten

Der Sprecher Bin Ich ebenso wie der begehrenswerte
Schweiger in der Analyse Meiner Tätigkeiten an dem
Weltenwerk, das Ich gar liebevoll in Mir behüte

Das Bewusstsein von den Ahnen deiner Künste
soll dir Kraft verleihen diese in perfektum auszuführen

Nach Meiner Meinung hältst du viel zu viel auf Etikette,
statt dich beglückt im freien Laborieren zu ergehn

Wohlanständigkeit ist nicht zu unterschätzen, doch ein wenig zu belächeln schon

Sieh zu, dass du bald Gnade findest vor dem Auge des Gerechten, der Ich Bin, und der dich hütet folgenschwer

Keine Frage ob es dir gelingt genau in *Meinem* Sinne masszuhalten in der Welten Braus und Poesie

Erst am Abend wirst du über deinen Tag ein Urteil fällen können, Mir zu Ehren und zulieb

Wo viel Sonne ist, da müssen auch gewaltige Gewitter fliessen, um des Ausgleichs Willen in den Himmelswogenei'n.

Was krumm war wird gerade ob der Seinsgeschliffenheit, die Ich ihm ungeniert entbiete

Im Zustand der Glückseligkeit sind deine Tage von dezenter Helligkeit durchzogen

Was du regelrecht entfachst will *Ich* mit dem Glanz der Göttlichkeit verbrämen

Kontaktiere Mich und du wirst nimmer darben, sondern dich in Wonnen des Gemüts wie nie zuvor begreifen

Wo sind denn die Verklärten Meiner Gunst zu finden, wenn nicht in den hohen Rängen Meiner Seinskultur

Das Schöpferische verzeiht sich jeden Fehler, sofern dieser zu gediegenen Verbesserungen führt

Ich überzeuge dich von dem was *ist* in Meinen Schulen

3.14

Immer knackiger servier Ich dir die Dinge, die du zu bemeistern hast, in den anspruchsvollsten Situationen

Wer von Leistung redet muss gewillt sein tapfer auszuschreiten auf den Pfaden die *Ich* ihm erschlossen habe

Spürst du des Windes Säuseln angenehm, musst du auch den Orkan als nützlich und begehrenswert betrachten

Gibst du nie auf, so kann Ich dir den Lorbeer der gottseligen Beständigkeit verleihen

Was dich kräftigt kräftigt auch Mein Weltsystem in wohlgemessnen Zügen

Versuche nie dich elegant herauszureden, sondern steh zu deinen Taten in der Kunst zu überzeugen, dass sie richtig waren

Was du von *Mir* gewinnst ist Legion und kann nie genug verdankt und aufgelistet werden

Dich in Tapferkeit zu üben ist der Anfang des Erfolgs auf Meinen Höhenpfaden

Mit Macht Bedachte tragen sich galant ins Buch der Wohlfahrt ein, sofern sie diese auch gerechterweis verteilen

4

Weltschöpferisches

4.1

Ich wende Mich zu denen die gewillt sind Grandioses und
Weltschöpferisches zu gebären

Woran liegt es wohl, dass du so zaghaft bist in den
Beziehungen zu Mir und den Beglückungen, die daraus
erstehn?

Ich Bin dein Heil und deines Hofrats beste Attitüde, wenn
es um Vollendung dessen geht was du erreicht hast seit
Äonen

Dir mangelt nichts, wenn du nur einsiehst, wie konkret,
konstant und liebevoll Ich deines Wesens Grazie belebe

Noch immer Bin Ich ohne jeden Zweifel für dich da,
um deinen Wert bis ins Unendliche zu heben

Wer ist das Mass für deine Würde, wenn nicht *Ich* in
deiner innigsten Struktur

4.2

Es geht Mir um die Kosequenz ganz dich zu sein mit
Fibern und Fibrillen, die Ich Mir im Weltengang erschuf

Willst du den Weg des Weltenglücks beschreiten, musst
du jetzt damit beginnen.

Steil ist deine Rampe, doch Ich helfe dir mit
reiner Gotteskraft beharrlich himmelan

Deine Wirbel sind die Meinen, wenn du's begriffen hast,
sie allesamt zu überwinden

Das Träfe trifft auch dich und lässt dich jubeln
über die Erfolge die es generiert

Zu Mir zu kommen ist noch alleweil die Mühe wert,
die du verwenden musst in deinen kühnsten Operationen

In Sachen Zuversicht und Konsequenz bist du noch recht
naiv, geliebter Zeitgenosse, doch ständig will *Ich* dich
mit Besserem belehren

Versuchung hin und her, Ich lasse Mich zu keiner
Unvernunft bewegen

Wenn du dich bindest, ist auch *Meine* Hand gebunden,
mit den Gaben, die Ich dir verleihen wollte

Im Nehmen bist du tüchtig, doch wie steht es mit dem
Dich-an-alle-Welt-Verschwenden in der wundervollen
Liebestat

Kein Wort zuviel für dein erschütterndes Genesen, du
brauchst nur innig zuzuhören in der stillen
Seelenkathedrale

In Mir zu sein ist deine grösste Tat,
Errungenschaft und sonnenglänzende Idee

4.3
Was du gerade Bist ist stets von weltbewegendem
Bedeuten, woran du nicht vorübergehen sollst
in unbewusster Kühle

Was dich beglaubigt so zu sein wie du's gerade Bist,
Bin Ich, das Weltensein, in vollen runden Zügen

Gestehst du, dass du glücklich bist in Mir, hast du das
Wesentlichste, das es zu erfahren gibt, gestanden

Was dir gefällt das muss auch Mir gefallen, willens oder
nicht, in der Zweieinigkeit in der wir uns befinden

Stell dir vor, was du nur willst, in der Gewissheit, dass
Ich dich begleite, liebevoll und herzensfroh

Was dich beglückt ist immer auch von *Meinem* Hauch
durchdrungen in der Weise derer, die sich innig lieben

Kommst du zu Mir, komm Ich zu dir,
in mustergültig eingesetztem Unterweisen

Dein Mut trägt vieles dazu bei, das Leben gut und
seinsgerecht zu generieren

Wer Partei für Mich ergreift wird alsogleich von Mir
ergriffen mit den köstlichsten Gedanken
die ihm förderlich und angemessen sind

Solcher Art sind deine Träume, dass sie Schäume sind
zerfliessend auf der Welten Wogenmeer

Die Welt stellt sich dir vor, so wie du's immer willst
in deinen Definitionen

Wie stellst du dich nur an, um vor Mir angemessen zu
erscheinen?

Was spricht für einen radikalen Wechsel der Gefühle?
Ich rate: Lass sie laufen und verhasple dich nicht
allzusehr in sie

Das Gewohnte will auch einmal Ferien erleben;
lass es los und wende dich dem Neuen, Unbekannten zu

4.4
Jovial sein ist nur selten eine Option für Fortgeschrittene
in Sachen Noblesse und Gewissenhaftigkeit

Begreifst du *Mich*, hast du die Welt begriffen

Punktuell magst du zuweilen Recht behalten
im ganzen aber Bin nur Ich dazu befugt,
das Recht zur allgemeinen Geltung zu erheben

Das Radikale zieht dich nimmer an, wenn du die
Sanftmut des Gemässigten in dir verspürt und zum
Prinzip erhoben hast

Nimmst du dich selber wahr, bist du zum Künstler und
Begünstigten der vielversprechenden Gottseligkeit
geworden

Welche Grenze hast du denn zu überschreiten, um
regelrecht zu Mir zu kommen? Exakt die Meine in der
Schau auf was du Bist und ewig bleibst in Mir

Du bist Mir zugeschritten seit du Bist und seit es dir
gelingt der Weltendinge Glanz in dir zu konstatieren

Was steht dir wohl am Besten an? Die Hülle
reiner Grazie, die Ich voll Anmut um dich lege

Wer Ohren hat zu hören, der lasse sich auf's Herzlichste
von *Meinem* Wort belehren

Der Zufall reicht vom Himmel bis zur Erdenkrume,
die bewusst gewordenen Gemüter zu beseelen

Du lebtest wie in einem Schrein, den Ich zur Gnadenzeit
sperrangelweit geöffnet habe

Teilst du in Fülle aus,
fühl Ich unendliches Behagen

Die Schwerkraft fesselt dich in ihren Bann, solang du
Meine Leichte nicht gewahrst

Ich komme auf dich zu und bitte dich, dein Antlitz nicht
vor Mir hinab zu wenden

Gegraben hast du bald, doch es mit reiner Grazie
erfüllen, fällt dir noch unendlich schwer

Dem Komma folgt nur allzu oft der Punkt
in deinem Wiegegang zu Meinen Herrlichkeiten

Eine Schwalbe noch kein Sommer,
doch *Mein* Schwarm wird endlich Wärme zu dir tragen

Ständig sollst du für Mich offen sein,
damit Ich dich mit Gotteskraft beseele.

Dem Gefüge folgt die Fuge auf dem Fuss, um
Rhythmus, Anmut und Beseelung in die Welt zu tragen

Die Konfrontation mit miesen Geistern sollst du tunlich
meiden, aber mutig den erhabenen entgegengehn

Ohne Lebenslust kannst du nicht sein. Sie will sich dir
gar liebevoll vergeben

4.5

Was immer du im Schilde führst, ist *Meinem* Urteil
unterworfen

Bestehst du darauf klug zu sein, kann Ich dir auf Wunsch
gehörig dabei helfen

Konstanz hat Mir schon immer wohlgetan

Im Zillertal mag dir die Seele vor Vergnügen zittern, in
Meinem jedoch fühlt sie sich gestillt in Heiterkeit und
Harmonie

Gestärkt gehst du aus der Begegnung mit dem Reich
der Mitte, das Ich Bin, hervor und wanderst weiter, einem
grandiosen Ziel entgegen

Alibaba gibt es auch bei Mir, doch ist in *Meiner* Höhle
nur Selbstgeschaffenes zu finden

Was Tückisches ist doch der türkische Kaffee, der alles
anschwärzt, was du intus hast, seit Generationen

Auch die Schmeichelkätzchen müssen Haare lassen,
damit jeder ihren wahren Wert bewundern kann

Das Köstliche, das Ich dir sende, soll dir zum
legendären Liebesfest gereichen

4.6
Das Zuviel ist wie das Dürftige dem Mittelwert abhold,
den du auf Mein Geheiss erreichen solltest

Kranzturner sind bei Mir verpönt, weil sie nach
Meiner Meinung zuviel Ehrgeiz offenbaren

Das Bescheidene ist schwerer als das Maximale
zu erreichen

Hast du Watte in den Ohren, dass du nicht auf Meinen
Zuspruch reagierst, der dich zutiefst beglücken könnte

Zusammenkleistern ist nicht Meine Masche,
doch aus *einem* Guss erstellen schon

Mit wem kannst du zuallererst befreundet sein, wenn
nicht mit Mir in Meiner allumfassenden Gebärde

Zu bedauern ist nur wer sich Mir entfremdet hat in seinen
solotänzerisch geschwung'nen Kapriolen

Was immer du erreichst, ist schon längst von Mir besetzt
und für dich hergerichtet worden

Meine Macht ist gross und grösser noch die deine, wenn
du *Mich* zu dir addierst

Ein Schmerbauch ist nicht nötig, um an *Meinem* Hof
Glückseligkeit zu finden

Bilde dir nichts ein, solang du hintennach hinkst
im Erlangen Meiner Geisteszüge

Der Fromme in der Tonne mag sich freier fühlen
als das Paradiesesvögelchen im goldenen Verlies

4.7
Das Glück des tätigen Verschenkens ist mit keinem
andern zu vergleichen

Das Meisterliche äussert sich im wohlerwogenen
Betragen

Besser Bock als Stein und wär jener noch so klein

Was willst du noch erreichen, wenn du schon
alles ramisiert hast, was du konntest, im allmenschlichen
Gewühl

Mastiges sollst du im Alter nicht geniessen, aber Mitleid
mit den Hühnern pflegen, die lieber Würmer aus dem
Miststock ziehen würden

Bericht erstatten ist famos, doch wenn's nicht stimmt
lässt du es besser bleiben

Weihrauch ist genug vorhanden, um hunderttausend
Dilettanten zu beglücken

Das Schlitzohr will nicht dulden, dass ihm ein anderer die
Beute schnappt, die es für sich erlesen

Wer *Mich* korrigiert, muss sich nicht wundern,
wenn Ich trotzdem Recht behalte

Wenn es dir beliebt, stets obenauf zu schwimmen, lass
Mir wenigstens das Tauchen

Die Gründe für dein Kommen sind oft dieselben
wie jene für dein Gehn

Du kannst doch nicht in allem Ernst von dir behaupten,
alles recht getan zu haben

Zählst du die Gründe für dein Reüssieren, kannst du *Mich*
getrost hinzu addieren

Wer hat den Bann zuerst gebrochen zwischen dir und
Mir? Ich natürlich, um dir auf die Beine zu helfen,
Meinen hocherhabenen entgegen

4.8

Mein Konterfei ist deinem Herzen eingeprägt, damit Ich
es in *Meinem* Sinn veredeln und vollenden kann

Durch die Jahrhunderte hallt Meine Herzensbitte: *Sei* und
singe Mir dein Lebensglück entgegen

Wackere Gemüter ziehn mit Pauken und Trompeten
Meinem Urlicht freudevoll entgegen

Schaffst du es, Mein Bild in dir zu sehn, sind alle
Seinsbehinderungen gleich verflogen

Deine wirkliche Karriere wird in jedem Fall ihr Ende
bei Mir finden

Ich vernehme jeden deiner Seufzer und verwandle ihn
geschickt in einen Freudenruf

Mir nichts dir nichts lässt sich bei Mir nichts erreichen

Das wahrhaft Förderliche wirst du nur in
Meiner Seinsschatulle finden

Ist der Witz des Tages schon zu dir gedrungen?
Hoffentlich belastet er dich nicht zu sehr

Lässest du dich auf die Palme bringen, hol *Ich* dich
herunter in gewohnt gelassener Manier

Was trägst du dazu bei, dem Weltenlauf das Ordentliche
und Bewusste beizubringen?

Ich schiebe dich beständig vor Mir her solange,
bis du selber laufen kannst trotz deinen schweren Nöten

Freilich, freilich bist du gut, wenn man nicht allzu grosse
Forderungen stellt an deinen Auftritt und dein all so
menschliches Benehmen

Wo Trottel sind gibt es auch Fliegen
die sich von ihrem Unsinn nähren

Kaprizen scheuchen viele auf,
wo andere noch selig schlafen

Bedanke dich für jedes Wort aus weisem Munde, denn es
nährt dich besser als das handelsübliche Blablaa

Bist du überzeugt von einer Sache, lass sie nimmer
fahren, denn sie hilft dir wesenhaft zu Mir hinan

4.9

Du verkommst, wenn du nicht zeitig auf Mich zukommst
in den Reibereien, die die Welt dir vor's Gemüt drapiert

Eines ist es rasch zu handeln, ein anderes das Richtige
zu tun im seinsgerechtem Überlegen

Wirfst du den Bettel hin, sind meist die Folgen schwierig
zu ertragen

Ich kredenze dir den Saft der Gottesgüte, der dich
glücklich machen und dir neuen Schwung verleihen will

Knacker sind verruchte Störefriede im Beschaulichen

Aus der Not zu handeln kann auch eine Tugend sein,
wenn es unter *Meiner* Dominanz geschieht

Merkantil zu leben ist wohl nötig, friedevoll und
seinsbewusst jedoch bedeutend mehr

Unumwunden sag Ich dir: Du solltest deine Rederei
bedachtsam auf das Nötige beschränken, damit du fertig
wirst bevor der Abend einbricht ins Gehege

Aus jedem Floh ein Elefäntchen ziehn, macht dich gering
vor Götteraugen

Was du mit Mir tauschest, wird erst durch die liebevolle
Anteilnahme wirklich schön

Trautes Schätzchen, kannst du Meine Unbeholfenheit
ertragen

Auch in den Wind Gesprochenes kann sich zu
starker Wirkung stilisieren

Klargestelltes ist mit Wonne anzuschauen, Mir
Geweihtes noch viel mehr

Wie befreiend ist es, Hosenknöpfe abzureissen,
wenn es durch den prallen Bauch geschieht

Gehst du ränkevoll zur Tränke, musst du dich nicht
wundern, wenn sie dich versehrt, statt dich zu laben

Ein Meister seines Fachs braucht nicht sein Büchlein
durchzublättern, um das Richtige zu finden

4.10
In die Wange kneift die Zange, dir das Beissen
beizubringen

Wo kämen wir da hin, wenn jedem Aufgeblähten das
gelänge, was er sich lauthals versprach

In Ruhe überdacht wird vieles wohlgelingen,
was in der Hast beileibe nur missraten kann

Ein Zipfel Wurst wird wohl für dich noch übrig bleiben,
wenn du dich lang genug darum beworben hast

Festen tut im Nachhinein erbärmlich weh, derweil es
überbordete

Sang- und klanglos von der Szene treten musst du, wenn
dein Auftritt ohne Mich geschah

Tapferkeit ist jene Tugend, die du dir erringen sollst
in deinen besten Jahren

Erfolg beginnt schon mit dem ersten Schritt
voll Mut zum Wohlgelingen

Die Tage werden kürzer, wenn du sie mit Leben, Licht
und Heiterkeit erfüllst

„Steh Mir bei", ist eine Bitte viel zu oft
im Leichtsinn vorgetragen

Das Erträgliche ist oft Verkünder grössern Ungemachs,
im Ungewissen

Ein Floh mag noch so klein geraten sein,
immer gibt's Talente, ihn gewaltig aufzublasen

Wohin gehst du Margerita, sieh doch wie dünn
das Eis ist, unter deinen Füsschen

Keineswegs werdet ihr sterben, denn die Seele schmiegt
sich an den Geist, der das Unendliche belebt

Jede Flaute weiss Ich eleganterweis mit Meinem
Weltgefühl zu überwinden

Selbst die Rolling Stones sind für Mich kein Problem,
vor *Meinem* Drive muss alles weichen

4.11
Andalusien ist nicht am Schwarzen Meer zu finden.
Desgleichen suche Mich in deinem Herzen,
nicht im Anderswo

Was dich zwickt ist oft Mein Ruf,
dich mehr in *Meinem* Sinne zu verhalten

Kalendermacher sind das pure Gegenteil
von randalierenden Chaoten

Dem Ungemach die Stirn zu bieten ist dein gutes Recht,
selbst in den obersten Etagen

Quäle dich nicht mit Vergleichen, gleiche dich Mir an
und du bist saniert für Ewigkeiten

Die Kelle schöpft und füllt ihr Mass gerade so
wie alle Schöpfer ihres füllen

Reihe dich im Einmaleins zuvorderst an, dann wirst du
stante pede reüssieren

Meine Tante sucht den Trost bei warmen Kissen, du aber
wirst ihn wohl beim „Kiss Me, Katen" finden

Dein Gesicht kann mehr als dir beliebt
von dir verraten

Der Griff in deine Taschen wird dir das Gewünschte
bringen oder ein „verdammt nochmal"

Der Ruhelose steht von seinem Bette auf,
eh er noch recht darin gelegen

Dein Gequassel kann Mein In-Mir-Sein nicht stören

Ein starkes Pferd ist besser als ein lahmer Esel,
sieh dich vor

Im Zweifel ist es besser Mich zu rufen,
als den Advokaten

Du bist beringt mit *Meinem* Zeichen,
fliege denn auch stracks zu mir

Die Tugend ist sich nicht ganz sicher,
ob sie der Sirene standhält im Geheimen

Trinkst du Wasser,
lockt der Wein dich umso mehr

Die Katze, der die Maus entwischt,
ist zu nichts Rechtem zu gebrauchen

Ein jeder Kraftakt wird vom Weisen
strikt vermieden

4.12

Die Katzen sind den Hunden haushoch überlegen,
wenn Bäume nah sind im Revier

Du magst dich sicher glauben, doch das Sicherste ist
immer noch Mein gütestrahlendes Behüten

Mein Kompendium verleiht dir Flügel, wenn du's
noch lesen kannst im Dunstkreis deiner Missionen

Du machst dir etwas vor, wenn du zurückweichst,
ohne Mich gefragt zu haben

Dumme Schwätzer sind wie Fliegen auf dem Pferdepo
mit einem Schwanzwisch zu verjagen

Wer Mir Bärendienste leistet wird dafür
mit gefälschtem Notengeld bezahlt

Ein guter Kraxler ist Mir lieber
als ein schlechter Flugpilot

Die Sünde ist oft von der Tugend kaum zu unterscheiden

Worin der Wurm liegt
ist oft schwer herauszufinden

Obskure Machenschaften sind für ausgemachte
Schwindler ein gesuchtes Ideal

Mit Herzblut angetrieben laufen die Geschäfte rund
und schön

Mein Schwager siegte oft im Weitsprung,
Ich im Hoch-

Kennst du den Spruch: Der Esel pflegt beständig J-A zu
singen, Ich aber singe Nein in träfem Überwinden

Mann über Bord
bei einer Frau auf warmen Kissen

Sie glauben Himmelsgünstlinge zu sein,
derweil sie an des Teufels Gabel zappeln

Du wachst auf und glaubst in einer andern Welt
gelebt zu haben

Die Spinner spinnen emsig vor sich hin und hoffen
darauf, dass sich Gläubige in ihrem Netz verfangen

Buhlst du um Achtung wirst du stets den Kürzern ziehn

Der Freihof kann dir auch zum bitteren Gefängnis
werden, wenn du dich deiner Schritte nicht versiehst

4.13
Mit *Meiner* Hilfe kommst du zur Bewusstheit deiner
Taten

Du bist dafür geschaffen *Meinem* Kurs auf's Ganze
Nachhall zu verschaffen

Die Spitze deines Seins ragt aus dem Allgemeinen
königlich empor und winkt den weitern Siegern
Seligkeit entgegen

Was immer du erlebst ist von Mir schon längstens
in dein Lebensbuch geschrieben

Frägst du Mich, will Ich dein Mütchen zeitig kühlen,
damit du Mir nicht in die Irre gehst

Die Betrunkenen erleben sich im Himmel, bis sie wieder
in die Hölle ihrer Seinsprobleme tauchen

Den Clown zu spielen steht dir im Bunde mit
recht vielen bestens an

Das Wundermittel heisst: Entsagung,
welche dich in höheren Welten etabliert

Der Gottseibeiuns ist stets bereit, sich in dein Haus zu
schleichen, sowie du ihm Gelegenheit dazu gewährst

Aus der Reserve treten heisst, sich rettungslos
ins Lächerliche ziehn

Woran kann deine Seele kranken,
wenn nicht am Einsamsein in Mir

Der Liebesfunken hat schon manches Herz entzündet,
mehr als ihm bekömmlich war

Weit gefehlt: du bist noch immer im Verbund der Lieben,
die Ich ständig um Mich schare

Wem gehört die Welt, wenn nicht denen,
die sie unverbrüchlich lieben

Die tapferen Brüder verlassen sich nicht und verfolgen
die köstlichsten Pläne

4.14

Kabeljau verschlingen ist dir nicht gewährt,
solang du nicht verstehst, nach ihm zu fischen

Die frischen Fische sind die lebenslustigsten
auf deinem fabelhaften Speiseplan

Dich zu schonen gehst du aus
und kehrst mit zerkratzen Wangen wieder

Eine Gabe Meiner Zünftigkeit ist nimmer zu verachten,
weil sie dich ins Sein erhebt trotz stürmischen
Schikanen

Du tust gut daran dich etwas häufiger an Meinem Hof zu
zeigen, damit Ich deiner nicht vergesse unter Myriaden

Krampfhaft schielte er nach rechts, derweil das
Zauberhafte linker Hand vorüberging

Du sollst die Mitte unverwandt im Blick behalten, damit
dir nichts entgeht in deinen Fassungslosigkeiten

Trittst du ein so trete Ich zurück, um selbst deinem
grössten Unsinn freien Lauf zu lassen

Wo du erst beginnst den Hebel anzusetzen, seh Ich bei
Mir schon wieder Gras darüber wachsen

Du erhoffst den Sieg, noch eh du aus der letzten Schmach
den rechten Schluss gezogen

Tölpel müssen sich nicht wundern, wenn sie ständig
übertölpelt werden

Meine Machart ist schon immer die des Sternenalls
gewesen

Singst du, darf es ruhig auch ein Schlaflied sein, Ich
will dich dabei wach erhalten

Selbst zum Mandarinenschälen werden
ungeschickte Hände nimmer taugen

4.15
Ich spasse nicht, doch du willst es partout
als Spass begreifen

Rettung kommt von oben, eh du dir's versiehst,
Begünstigter von Himmels Gnaden

Querschläger muss es immer geben, damit sich die
die sich für ausgeglichen halten, in Beständigkeit und
Gutheit üben mögen

Im Sommer wirst du dich nur leicht bekleiden, im Winter
so behäbig, dass es dich nicht friert, in Meiner Gegenwart
jedoch ist Unverhülltheit angesagt des Seelenseins vor
Meinem liebevollen Schauen

Viel Rätselhaftes lichtet sich vor dir, sowie du Güte
sendest, die als ein Echo zu dir wiederstrahlt

Der Fritz macht Witze über das Kamel und merkt nicht,
dass er selber eines ist, mit seinem buckligen Betragen

Hingeklotztes wird von Mir beharrlich abgetragen, bis
die Welt in Ausgewogenheit erstrahlt in ihrem Sich-auf-
Mich-Berufen

Bedauerliches wird in deinen blauen Augen lang noch
recht plausibel scheinen

Perfides stösst dir sauer auf, derweil Mein Geflecht dich
für die höchsten Höhn beflügelt und mit
Seinsgedankenkraft versieht

Mit Meiner Zucht von Ferne fängt es an und endet
bei dir mit herzinnigem Bedauern

Die Rechten sind nicht besser als die Linken, weil
sie beide jämmerlich in seelenlose Fernen hinken

Bosheit bangt um seine Brötchen, Klugheit lässt sie
dankend los mit Grips im hellen Häuptchen

Enten watscheln liebend gern zu ihren Teichen, doch du
bist sicherlich zu edlerer Beschäftigung geboren

Eine Katze im Vorübertrippeln ist so süss wie Liqueur
in der Kehle

Was Ich Bin berührt Mich nicht,
nur was sein soll hat mich stets am Wickel

Der Dieb bestiehlt sich selbst, indem er seine Tugend
malträtiert

Was du ersehnst ist nicht mehr relevant, sowie du es
erlangt hast unter mannigfachen Nöten

4.16
Alle Meine Träume sind Träume von Dir,
dem Weltenwort in Meiner Seele

Was dir genehm ist wird auch Mir gefallen,
honigsüsser Kapitän

Morbide Typen neigen dazu,
ihr Unvermögen andern anzuhängen

Was erlaubst du dir Mich anzufeinden so, dass Ich
geneigt Bin dich mit sanfter Überlegenheit eines
Besseren zu belehren

Das Erbauliche hinkt dem Bedenklichen stets hintennach

Der Friede sei mit dir, klingt hin und wieder im
gottseligen Vereinen

Was dir geschieht geschieht auch Mir in der
Gemeinschaft der Gemüter, die den Gottesweg
gefunden haben

Du hüpfst vor Freuden, wenn du *Meiner* Stimme
hörig wirst in deines Herzens Hort und Harmonie

Vaterländisches soll ebenso wie Ewiges in deinem Kreis
besprochen werden, damit das Einssein aller Wesen
aus dem Leben sich erhebt

Falsch gefasst ist nicht gelogen, aber bittre
Wahrheit, welche strenge Busse nach sich zieht

Kontinente werden leichthin überbrückt, doch von
Mensch zu Mensch will es nur allzu oft nicht klappen

4.17
Der Heuchler führt die lächerlichsten Faxen vor, der
Redliche jedoch braucht sein Gesicht nicht zu verziehn

Geschichte schreibt wer sich mit unermüdlichem Elan
dahinter macht Geschichtlein zu vermeiden

Zweckentfremdet ist dein treffliches Gehirn, wenn es in
Gedankensümpfen brütet

Willst du schon Naschen, nasche doch von *Meinen* Köstlichkeiten

Einen Bumerang versenden ist gefährlich, neigt er doch dazu, auf dem Rückweg dich zu treffen

Schlechte Nachricht zu verbreiten gleicht dem Bumerang der dazu neigt recht unheilvoll zu dir zurückzukehren

Wer Verstand hat soll sich auch bemühen, kunstvoll mit ihm umzugehn

Sieh die trefflichsten Gedanken mit so wenig Widerhall im Weltgetöse

Ohne Grund sollst du nichts Ernstliches verfolgen, denn es könnte dich auf einmal unter sich begraben

Mangel an Eigenwürde lässt dich aufbegehren ohne Mass

Frenetischen Beifall für den, der sich selbst bezwungen

Die Eigenbrötelei vertreibt die Grünen nicht, die sich dir aufgedrängt und dich erobert haben

4.18
Wachheit ist der Würdigen Los

Befiehl du Meine Wege und pusche Mich auf deine Art voran

Klagen beruhen oft auf kläglichem Versagen

Was dich überrascht ist oft zuviel des Guten

Deine Sendung ist nicht,
dir das Grab zu graben

Meister sein ist je nachdem ein Segen oder Übel

Woran du krankst ist immer deinem Unmut
zuzuschreiben

Kenner kauen keinen Kautabak,
sie schnupfen ihn

Durch's Nadelöhr zu schlüpfen gelingt nur dem
der sich völlig unbedeutend machen kann

Deine Karriere hört dort auf, wo P beginnt
in dir zu rumoren

Ausgezeichnetes kannst du von Mir vernehmen
wenn du Meinen Sinn erlauschest

Das Geringste wie das Köstlichste sind Meinem Herzen
ebenbürtig zugetan

5

Gelächter in den letzten Rängen

5.1

Wofür *bist* du, wo *Ich* dagegen bin
und wo dagegen wo *Ich's* will in Meinen Dispositionen?

Was grämst du dich in deiner Seele, wo doch Meine
Gegenwart dich trösten sollte

Den Apfel schaust du an, geliebte Eva, bevor du Mich
mit ihm verführst, sybillenhaft und morgenschön

Was du dir Bist ist *Meine* Sache stets gewesen und
was du treibst *Mein* Treiben

Ich schreibe vor und du schreibst nach,
naiv und unverfroren

Ein wenig Sanftmut stände dir gut an,
geliebter Freund in deinem Rasen

Dem Winzigen wie dem Überragenden mit Ehrfurcht zu
begegnen, ist dir von Mir in guten Treuen angeraten

Eine Küche für die Schaben, ein zierlich Hündchen
für den Floh

Meine Stärke ist, Mich schwach zu stellen,
Hilflosigkeit Mein vaterländisches Idol

Wer sich in Katastrophen badet muss sich nicht wundern,
wenn er dereinst in ihnen untergeht

Auch der Fremde ist dein Nächster,
wenn du seine Bitte recht verstehst

Ein Hoch auf deine Mutter, dass sie dich so wunderbar
geschniegelt deinem Schicksal überliess

Wo Kunst ist ist auch Krempel,
wo Sagenhaftigkeit - ein stilles Weh

5.2
Verstehst du dich auf's Schmunzeln, kannst du selbst den
dümmsten Plauderer geniessen

Mit todernster Mine
kannst du heiter sein im Herzen

Die Vermutung ist der Vater des Konflikts

Das Alter ist dem Hirn ein schrecklicher Kumpan.
Biblisch oder nicht, du hast an das zu glauben,
was Ich dir zum Zeichen Meiner Macht verliehen habe

Alle Wege sind dir untertan, solang du Meiner dich
bedienst, um sie getrost und heiter zu beschreiten

Wunderfitze pflege Ich mit leichter Hand
ins Jenseits aller Sachlichkeit zu führen

Strebst du, so strebe Tugend an und gottgesegnetes
Gelingen

Dein Scherflein zum Gelingen Meines Weltenplanens
beizutragen bist du da und solltest es, bei Gott,
nicht unterlassen

Die Marketenderin verkauft so viel, dass du kaum weisst
was nehmen. Bei Mir gibt es nur eines: Mich und ohne
jede Wahl

Wie die Dinge immer liegen, stellen sie dich auf
und nicht zu deinem Schaden

Grossmäuler haben kurze Beine und Langläufer
schwachen Schnauf, wenn sie *Mich* nicht bei sich haben

Trostlos sind die Steppen,
wo von Mir keine Kräuter spriessen

Knabenkraut ist nicht mit Mädchenzartheit
zu vergleichen, in des Liebesgartens Fülle, Fluss und Stil

Wem du vertraust, der kann nicht anders als dir ebenfalls
Vertrauen zugestehn

Nichts Besseres kannst du für möglich halten, wenn nicht
den Schulterschluss mit Mir

Gehupft wie gesprungen sind die Runden,
die *Ich* durch den Weltraum zieh

Dein Unvermögen misst sich besser nicht an dem, was
Ich in petto habe

5.3
Lachmöven sind schon von Beruf
heiter gestimmt in ihrem Wesen

Bedauern ist für Mich die schlimmste Option, die du
vertreten magst, in deinem An-dir-Wüten

Was kommt dir näher als *Mein* Wort,
an dem du dich zutiefst erlaben kannst

Maienblümchen sind so süss, solang sie nicht
zertreten worden sind, von irgendwem

Kraftvoll stossen die Trompeten ihre Blitze ins Revier,
um den Schläfern Gas zu geben

Wo *du* dafür bist,
muss Ich es nicht auch noch sein

Merkwürdig sind die Wege die du
statt der schurgeraden gehst

Trachte nicht nach mehr als du in guten Treuen
leisten kannst

Das Sagenhafte zeugt von ausserordentlichen
Inspirationen auf dem Weg zu Mir

Wie kannst du nur so gläubig sein, wo *Ich* dir
höchste Vorsicht anempfehle

Putze dich heraus eh du vor Mir erscheinst,
im Fibrieren deiner Nöte

Mangel brauchst du nicht zu leiden beim Geniessen
Meiner schützenden Diät

Lobesam ist, was Ich dir zuvorderst,
ins Gemüt geschrieben habe

Drückeberger sind an *Meiner* Pforte
unverzollbar

Trifft dich *Mein* Licht, so wirst du an ihm
alsogleich genesen

5.4

Den Nimbus reinen Seins sollst du erkennen lernen in der
Weise des Bewusstseins, wie der Himmelsharmonie

Alles Gute darfst du still um dich verbreiten, seit du es in
Mir gefunden im Seinsbezug den Ich hier meine

Du schwärzest an, doch Ich erhelle es dir im Bewusstsein
wieder, dass du Bist und dass es nichts zu fürchten gibt
in deinen seinsgewaltigen Allüren

Was du kostest ist bekömmlich und erstrebenswert zu
nennen, alleweil im Seinserfahren

Teilst du mit Mir, was immer es zu teilen gilt, bist du vom
rechten Schrot und Korn in Meinem Sinnensein und
Tribunal

Das Schöpferische erntet sagenhaften Beifall,
wenn es sich *Meiner* Art gemäss im Weltsein offenbart

Du gerätst ins Trudeln, wenn du Meiner nicht gedenkst
in deinen hochbrisanten Dispositionen

Wer knackt den Code, wenn nicht Mein
schürfendes Gewissen

Als von Mir Eingekaufter wirst du unabhängig
von der Macht der Mächtigen und Virtuosen

Was du als Nouveauté ins Feld führst
ist bei Mir schon längst zum alten Zopf geworden

5.5

Gelächter in den letzten Rängen ist nicht schön. Es stört den Lauf der Szenen und weckt Unmut bei den wohlgesitteten Besuchern

Gewaltsam soll nichts unternommen werden, wo des Wassers Sanftmut auch genügt

Das Treffliche betrifft auch dich in deiner Ungeduld wie deinem blinden Wüten

Wo *Ich* dich mahne darfst du ruhig deine Hände
an die Ohren legen

Das Konzept ist einfach – die Erfüllung schwer

Auf der Ebene des Seins wird dir das Nichtsein zum Vergnügen

Du gehst Mir nicht verloren, solang du *Meines* Namens dich erinnerst

Du dringst in alles ein und hoffst
dein Glück darin zu finden

Riskieren sollst du nichts,
doch Mir bewusst die Stange halten

5.6

Grundlos sollst du nie dich selbst beschuldigen.
„Hoppla" oder „Tut mir Leid" kann alleweil genügen

Vaterländische Gefühle sollst du auch in *Meinem* Sinne pflegen. Das bringt dich näher ans Elysium heran

Eine schöne Partnerschaft zu pflegen ist so kunstvoll wie das Komponieren einer ewigen Symphonie

Aus der Fülle in die Fülle darfst du streben ohne Ende
im gesegneten Allhier

Jeder Zopf ist rascher weggeschnitten als gewachsen,
sieh dich vor

Wie hoch hinauf willst du dich noch versteigen?

Fühlst du dich mit Schuld beladen,
ist die Sühne nicht mehr fern

Wo gezankt wird muss auch einmal wieder Friede
herrschen

Wie friedvoll gleitest du dahin,
wenn sich die Lebenswogen schön geglättet haben

Mancherlei ist noch instand zu stellen, bis die Welt ganz
wohnlich ist und auf das Menschenvolk bezogen

Ausgerechnet du sollst vor Mir hergehn als ein Herold
der Gerechtigkeit und Güte, weiser Dispositionen und
verehrenswerter Taten

Kein Ungemach kann deinen Fuss berühren, wenn du
Mir vertraust zu seligem Genügen

Der Retter Bin Ich dir aus allen Nöten, wenn du Sommers
wie Winters alle Wege in dir offenhältst zum freien Über-
dich-Verfügen

Erstrebenswert ist nichts so sehr wie gottgesegnetes
Dem-Sein-Genügen

5.7

Wedelst du dann wedle wie ein Hund dem Brocken
Fleisch entgegen

Klaust du, wird man dir bald einmal die Klauen schneiden

Spürst du den Unterschied zwischen deinen und Meinen
Taten? Dennoch sind beide dem Weltenwillen untertan

Das schöne Geld, ach könnte man's doch mit sich
nehmen

Momentanes soll nicht unbedacht verewigt werden, sonst
belastet es dich Jahr für Jahr

Köstlich sind die Lebensdinge, wenn sie *Mich* zum
Vorbild nehmen

Du erlangst, was dir beschieden, immer noch von Mir

Du brauchst dich nicht um deine Wohlfahrt zu
bekümmern, solang sie unter *Meiner* Obhut steht

Fängst du beizeiten an, kannst du auch zeitig wieder
hören

Du kannst Mich wirkungsvoll vertreten, sowie du
inne wirst, wie Ich seit eh und je in dir agiere

Du tappst in manche Falle, die *Ich* dir gestellt, um dich
zu Mir hinan zu führen

Was du nicht kennst ist keine Kunst im Detail zu
erfahren, sowie *Ich* dir dabei behilflich bin

Viel Getragenes wird dem Verschrotten preisgegeben,
oder mit Applaus in alle Himmel aufgehoben

5.8

Was hältst du von der Ansicht, dass noch allzu viele
Dinge kranken an der leidigen Tendenz sich stets
zu wiederholen

Bestseller landen oft im Keller,
wo sie demnach hingehören

Was stimmt, muss auch stimmig sein für dich, sowie für
deine Möglichkeiten

Was brockst du dir da ein,
bevor du völlig ausgelöffelt hast

Klimmzüge nützen nicht so viel
wie meisterliches Seinsgenügen

Bringst du Bewegung in die Szene,
bewegst du dich mit ihr

Zuerst das rasche Glück und dann
die dauernde Blamage

Kaum zu glauben wie verflixt die Dinge laufen,
wenn sie nicht in *Meiner* Obhut stehn

Das Regelrechte mag dich kränken,
doch schlussendlich ist es doch zu deinen Gunsten

Was dir am meisten liegt, ist meistens nicht zu loben

Wenn du das Weite suchst,
wird dir auf alle Fälle jemand folgen

Das Gewohnte ist der Feind der Innovationen

Im Erschütternden liegt auch der Schlüssel zum Erlösen

Das Ungefähre muss schlussends dem Definierten
weichen

Was immer traulich ist,
erweist sich deinem Herzen wunderschön

Wovon du träumst ist auch in *Mein* Gemüt geschrieben

Wählerisch zu sein ist gut,
doch besser ist das zügige Entscheiden

Durch die Blume lässt sich trefflich blicken, wenn die
Augen zwiefach sehn

5.9
Läufst du auf, so laufe *Ich* vergnüglich weiter,
einem fabelhaften Ziele zu

Bist du weise, stürzest du dich nimmer in den
Stossverkehr und damit ins verhasste Steckenbleiben

Gekonnt ist, auf Besonderheiten adäquat zu reagieren

Von allem, was dich bisher aufgeregt,
sollst du dich künftig angeregt empfinden

Weisst du wo es lang geht, kannst du ruhig
in die Breite stossen

Am Schicklichsten verkaufst du dich
in wohldosierten Raten

Konsequent sein ist soviel wie artig sein
in Meinem Sinne, flotter Kapitän

Wie nahe bist du Mir, wenn Ich dir sage:
Du in Mir und Ich in dir

5.10

Bist du in der Lage Mich gehörig zu begreifen,
kann *Ich* dich ins Unendliche erheben

Soviel du immer willst, will Ich dich mit dem Ewigen
begaben

Die Kreolin kämpft um das Bewundern ihrer Schönheit,
wofür kämpfst wohl du?

Wo kommst du her, wenn nicht aus Meinen wunderbar
gepflegten Seinsgedanken

Zur Betrachtung taugt auf jeden Fall, was *Ich* dir
vor das Näschen halte

Wer kann dich zur Räson und Tugendhaftigkeit berufen,
wenn nicht *Ich* in Meiner Güte und Beständigkeit,
Kapazität und liebevollen Diktion

Was du meidest wird dir
meist zum würdevollen Segen

Machst du dir was vor, musst du deine Ansicht gründlich
revidieren, besser spät als nie

Krieg und Frieden, Borniertheit und Genie sind Paare die
sich schlecht vertragen und dennoch Weltgeschichte
schreiben

Mit Mir verbunden flutest du, wie eine Meereswoge,
unerbittlich deinem Ziel entgegen

Kleiner Mann was nun, es gilt noch manche Elle
genialen Geistes zuzulegen

Vif, grosszügig und gewandt sollst du dich durch das Tal des Lebens winden, höchsten Seligkeiten zu

Machst du mit so führe Ich dich in Mein Zelt der himmlischen Gerechtigkeit, sowie der hunderttausend Liebesgaben

Woran du krankst verleiht dir den Impuls, dich aufzurüsten in den Sparten Seelensicherheit, Vertrautheit mit dem Ewigen, wie in der Himmelsharmonie

Nichts ist verpfuscht, solang du einsiehst, dass es ein götterlichtes Lehrstück war

5.11

Greife nichts Abgegriffnes auf, damit du deine Finger nicht versehrst daran

Hast du es noch so eilig, komm Ich dir bevor, und willst du ruhn, hab *Ich* Mich längstens schon zur Ruh begeben

Du verwendest Dinge, die Mir längst verleidet sind und lässest liegen, was dir in eine Zukunft wundertätigen Erfahrens weiterhelfen würde

Ich erhebe dich in einen Zustand wundervollen Seinsgewahrens

Nimm auf was köstlich ist für deine Seelengründe und erlabe dich daran

Ich erlaube dir, dich auszutoben, bis du einsiehst, welche Fülle darin liegt, in dich zu gehn und dein Unendliches zu pflegen

Willst du besorgt sein, fange an, dich um dein Seelenheil zu kümmern

Bist du ausgeflippt, flipp Ich dich wieder ein
ins seelenvolle Equilibrium

5.12
Klatschmohn plappert selig vor sich hin in Meinem
göttlichen Gewährenlassen, huldreich und verschwiegen

Mustergültiges kann nur von Mir und Meiner
ruhevollen Art zu leben kommen

Ich werfe auf und es kehrt niemals wieder. Ich lasse fallen
und es fällt und fällt in unermessne Tiefen

Mein Wille ist von Unerbittlichkeit geprägt, Meinem
Aufwall ist der Sieg beschieden

Wo *Ich* auf die Pauke haue, sind Unendlichkeiten
programmiert, wo *Ich* am Werke bin wird niemand mehr
pausieren

Klatschmohn plappert selig vor sich hin in Meinem
göttlichen Gewährenlassen.

Alles hängt an Mir an einem dünnen Faden, der nicht
durchschnitten werden kann

Was *Ich* nicht will ist niemals deinem Willen untertan

Geschöpf der Andacht sollst du sein vor Mir
und sollst es ewig bleiben

Deinem Sein soll reine Güte innewohnen
Meiner Liebe zu

Was *Ich* leiste wird gewiss auch
über *Meinen* Leist geschlagen

Meine Werke gehen vor,
derweil Ich ruhig auf sie warte

Elegant und pfiffig sollst du deiner Wege gehn durch
Meine Gärten des holdseligen Begreifens

Meine Nähe ist beinah zu greifen, wenn du nur den Sinn
dafür entwickelt hast zu sein und völlig unbeschwert
zu bleiben

Nach Seelenfrieden trachte, und hast du ihn erreicht
bist du ein Held der guten Tat und der Verbundenheit
mit Mir geworden

Ohne Absicht kannst du mehr bei Mir erreichen
als mit Drängeln noch so viel

Darum geht es für dich, ein gewiefter Kapitän der guten
Hoffnung und der Zuversicht zu werden

Mangel an Bewusstheit hat schon immer zum Desaster,
wie zur peinlichen Verlegenheit geführt

Unter Last zu schalten lernst du,
dass die Funken sprühn

Jetzt scheint es für dich angenehm, das Leben zu
verschlafen. Doch reizt es Mich zu fragen, ob du danach
auch den ewigen Schlaf geniessen wirst

Das Handtuch werfen hat auch seine vife Seite,
wenn es flattert im zügigen Wind

5.13
Wer sich weigert muss genauso mit Verweigerung
rechnen

Wer bestimmen kann
darf sich getrost Werkmeister nennen

Zeitlos gültig ist, was *Ich* dem Volke Gottes
ins Gewissen präge

Wofür du kämpfst wird auch von Mir begriffen,
wenn es lauter ist und angemessen Meinem Ideal

Was wirklich zählt sind immer noch die Seinsprinzipien
die Mir wie nichts am Herzen liegen

Resultate von historischem Bedeuten werden auch in
Zukunft *Meine* Handschrift tragen

Mitleid ist dort angesagt, wo die Gemüter an sich selber
leiden

Die Ehrenrettung für dein Wesen ist noch immer
die Beziehung, die du zu Mir pflegst

Was Ich wette ist, dass du nicht weißt, wie du im Grunde
zu Mir stehst

Das Mass der Dinge ist *Mein* Ideal vom Menschlichen,
das Ich weltweit zu verwirklichen versuche

Die Klarheit des Verstandes kann die Weltenrätsel
ohne Mich nicht lösen

Was kommt für dich zuallererst in Frage, wenn nicht der
Wohllaut Meiner Seinsphilosophie in guten wie in
maledetten Tagen

Bringst du zu wenig auf die Waage,
muss Ich dir schwere Kost bereiten

Trachte nach Gerechtigkeit und du wirst
doppelt viel von Mir erhalten

5.14

Mich begreifen heisst: die ganze Welt auf's Trefflichste
verstehn

Übe Wachsein, und du kannst im Grunde nimmer fehlen

Wo Pelze sind, wirst du auch Flöhe finden

Setze Meilensteine an den Weg, du wirst sie einstens
freudig wieder finden

Tatenlosigkeit ist auch Verzicht auf Resultate, die Mir
angenehm erscheinen

Nur allzu viele Dinge wollen dich am Bändel halten,
sortiere sie zum innigen Genügen

Du sollst auf deine Netze dich verlassen und Mir
damit reiche Beute vor die Füsse legen

Das Geheimnis deiner Tage liegt in Mir verborgen
und wird dir zeitig offenbart

Deine Schwenker zu Mir bleiben Meinem Geiste nicht
verborgen, belohnen will Ich sie mit feiner Ironie

Was hältst du von der Güte, mit der Ich dich
von Tag zu Tag bedenke?

Gottseligkeit ist auch auf deinen Weg geschrieben,
nimm sie bitte wahr

Auf dich gemünzt sind Meine Worte, elitär

Zu den Sternen willst du fliegen, folge *Mir*

5.15
Das Vollendete ist in sich selber
rund und morgenschön

Wie rechnet sich für dich das Pensum, das du *Mir*
entgegenträgst, in der Fülle deiner Funktionen

Das Artgerechte soll sich auch darauf beziehen, wie *du*
mit den Menschen umgehst, die sich mit dir abzugeben
haben

Alle werden einst bewusst in *Meinem* Liebesgarten
fürbas gehn

Was dich betrifft erscheint mir vieles recht antik

Wozu bist du geboren, wenn nicht Meiner
Unbescholtenheit entgegen

Das Geschichtliche ist immer auch das Gegenwärtige,
von dem du zehren kannst in deinem Seelenhunger

Der Gang in Meine Welten ist kein Kinderspiel,
er ist gespickt mit mannigfachen Seinsgefahren

Gehorchst du Mir, belohne Ich dich fürstlich
für dein vifes Selbstgefühl

Horche und gehorche täglich,
um des Herren willen licht und schön

Wohlbekanntes weckt nicht automatisch auch dein
Wohlgefühl

Seit wann bist du dem Weltenzauber ganz und gar
verfallen?

5.16

Ich meide, wer sich Mir entgegenstellt und lasse ihn
im eignen Safte schmoren

Kennst du den Spruch: Des Herrn Geliebter möchte jeder
werden, dabei ist seine Herrenliebe gar nicht gross

Nutze die Zeit, sonst nützest du dich nutzlos ab
an ihrem Rasen

Was verleiht dir höchstes Wohlbehagen,
wenn nicht Meine wunderbaren Interventionen

Ausgerechnet du willst Mir erklären, wie die Dinge
wirklich vor sich gehn

Dem Zauber Meiner Gegenwart ergeben
schwelgst du spontan in geistigen Genüssen

Wo du noch eben in dir ruhtest, ist urplötzlich
Hochbetrieb.

Ermanne dich dazu, auch deinen Partnern mit bewusster
Würde zu begegnen

Das Kantige soll von dir weichen, damit das Weiche sich
zu dir bekehren kann

Wie nützlich ist es doch, in *Meinem* Umkreis zu agieren,
damit Mein Einfluss voll zur Geltung kommt
selbst in der grössten Havarie

Wann meldest du dich endlich feierlich zurück
an Meinem Hofe

Es koste was es wolle, Ich will auch dich in *Meine*
Hemisphäre eingebettet sehn

Die Unbill deiner Nächte muss unweigerlich dem
Wohllaut heller Freudentage weichen

Kopfvoran sollst du in Meine Seinsgewässer tauchen,
den geistigen Korallenriffen zu

Was machst du so lange in deinem Juhee,
bis *Ich* dich empfange auf hoher See

5.17

Wer sich auf Mich bezieht in seinen Meditationen
wird allgemach die Welt mit wachern Augen sehn

Ausgeflippt und eingezogen kann dir zum Verhängnis
werden, wenn du dabei nichts lernst vom Leben

Was dir noch zu tun verbleibt ist *Mich* zu finden in des
Lebens mächtigen Mäandern

Konstanz in Sachen Seinsvertrauen
hält dich wohlbehütet auf der rechten Bahn

Was bietest du Mir an, damit Ich als dein Schutzherr und
Erwecker operiere?

Das Unbekannte zieht dich magisch an solange
bis du seinen Reizen auf die Spur gekommen bist

Wem musst auf die Schläfe klopfen, wenn nicht dir
selber, um dich gegenüber Mir als unverschämt zu
deklassieren

Warmherzig ist Mein Gruss an deiner Pforte, was bewirkt, dass du Mich einlässt mit Entzücken auf der Zunge, wie in deines Herzens himmlischer Natur

Allem offen was von Mir kommt kannst du dich schlussendlich in den höchsten Rängen brevetieren lassen

Du bist ein Sprachgenie, sowie Ich sie aus *Meiner* Sicht differenziere

Klassisch ist, was *Ich* dafür halte, und abgedroschen was von Meinem Tische fällt auf Nimmerwiedersehn

Treibst du es bunt, so ist Mein Treiben noch viel bunter in der Flut der Lebensszenen, die Ich generiere

Meinerseits ist deinerseits geworden alleweil in Reinkultur

Nichts bringst du auf die Waage, wenn es nicht von Mir kreiert, erschlossen und beglaubigt worden ist

Kränze winden ist nicht schwer, wenn die Farne dazu sich aus Meiner Gärten Allianz erhoben haben

Sprich täglich aus, was du begehrst, damit Ich jedem deiner Worte Seinserfüllung und Gewissenhaftigkeit verleihen kann

Das Brot aus *Meinen* Händen wird dem Hunger doppelt widerstehn

So versiert du immer bist ist es letztlich *Mein* versiertes Operieren

Jagen auf gut Glück ist noch immer
Mein erhabenster Beruf

Katastrophen sind wie immer dazu angetan Mein Image
aufzubessern in den Sparten Hilfsbereitschaft und
geschwisterliches Treiben

König deiner selbst zu sein verlangt Gehorsam,
Ausgewogenheit und seelenvolle Disziplin

Was *Mir* gehörig ist ist auch im schönsten Wiesengrunde
dir beschieden

Nicht von gestern sollst du sein, damit das Heute
dich auf wunderbare Weise weiterführen kann

Was dich dicht macht, muss nicht unbedingt
von *Meiner* Seite kommen

5.18
Ganz gelöst und seinsgediegen sollst du in den
neuen Morgen ziehn

Meine Bruderschaft von Gottes Art und Willen soll dich
jederzeit beseelen

Was meinst du zur Idee, dich vollends *Meiner* Hoheit
anzuschliessen

Jeder hat in seinem Ranzen Höhen und Baissen geduldig
mitzutragen

Ohne weiteres hab Ich dich in den Umkreis
Meines Glücks gezogen

Meine Ansicht von der Welt soll schleunigst auch die
Deine werden, damit die gängigen Verstiegenheiten sich
in dir zur Ruh begeben

Heute kann sich jeder Seinsbewusstheit leisten

Glücklich und entspannt sollst du einhergehn auf der
Wanderschaft zur Gottesbastion

Dem Ewigen steht selbstbewusst das Irdische entgegen
das versucht, sich für sich selber zu behaupten

Was erlaubst du dir Mir gegenüber,
wo *Ich* dir's erlauben müsste

Was kommt dich an, wo *Mir's* gegeben wäre
an den Hebeln deiner Macht zu stehn

In ewigem Nachteil ist das Unbeteiligte,
Meinem gloriosen Einsatz gegenüber

Was zweifelst du an Mir, derweil du doch verzweifelt bist
an dir

Weiterführende Gedanken kannst du nur von Mir
erwarten

Bestehst du darauf auf Mein Wort zu hören, unterweise
Ich dich in der Weisheit höherer Sphären

6

Neuigkeiten himmlischer Natur

6.1

Wem die Stunde schlägt,
hat Mir stante pede zu gehorchen

Wie nett von dir zu hören,
wenn auch ohne tätigen Elan

Was machst du gerade? Ich gönne es dir, wenn nur die
Freude strahlt aus deinen Augen

An die Freude heisst:
an Mich und Meine Wohlbekömmlichkeiten

Hand aufs Herz, mit Liebe wird dir mehr gelingen

Mancherlei mag dir durch's Köpfchen streifen,
aber Ich beinah nie

Mobilität als Gegensatz zum Stillstand bringt dir
Neuigkeiten irdischer wie himmlischer Natur

Bist du bereit, für was du konsumierst, auch das Entgelt
zu leisten, kannst du dich frohgemut darüber machen

Begreifen sollst du zudem, wie man mit Mir handelt und
dafür herzinniglich bezahlt

Koste was köstlich ist solang es warm ist
im Zeitverstreichen

Bunt sind schon die Wälder - und die Wirkung ist
frappant, wenn sie von dir auch wohlgemut genossen
werden

Ich trage dir nichts nach, wenn du dich dergestalt
verbessert und gesundet siehst

Der Feldarzt kommt dir sehr gelegen, wenn deinem
Füsschen in der Landschaft etwas Ungebührliches
geschah

Schonungslos enthüllt sich dein Charakter,
wenn du öffentlich agierst

6.2

Alleweil im Aug behalt Ich dich durch dein eigenes
Gesicht im Welterleben

Das Leben eine Pizza Capricciosa, wenn du dich nicht
scheust hineinzubeissen

Graziös ist immer auch melodiös in deinem Dich-
Verfluten

Alle Dinge kommen zu dem, der warten kann

Gepfeffertes hat eh den Beigeschmack von
zuviel Schärfe im subtilen Weltgetriebe

Bist du frei und freier im Entscheiden
kommst du ständig näher her zu Mir

Die Zauberkraft der Stunde sollst du nutzen,
um Unendliches zu spüren

Alternativen gibt es viele, doch nur die konsequent
verfolgten führen dich zum Ziel

Die Ideologie der Friedefertigkeit führt weiter als die
kriegerische und erreicht schlussendlich das ersehnte Ziel

Wer bestürzt ist wird von Mir im Sturze aufgehalten und
dem Heile zugeführt

Nimmersatte kann Ich nicht gebrauchen auf dem kargen
Weg zur Fülle der Unendlichkeiten

Was du verwerten willst muss vordem
Meinen Wolf passieren

Ausgesprochen würdig sollst du Meinem Habitus
begegnen

6.3

Sag Dank den Göttern der Vernunft, die wollen es mit dir
gemütlich haben

Ohne Zweifel zeitigt die Erfahrung auch bei dir
bemerkenswerte Früchte und Glückseligkeiten

Kannst du hissen, hisse ungesäumt die Fahne der
Begeisterung, die dich im Nu der Gottesgunst befallen

Wo spontane Festlichkeit sich ins Unendliche erhebt,
kannst du dich anstandslos dazugesellen

Auf Mein Wort wirf du die Netze aus unendlichen
Vertrauens und fange Liebe ein dafür

Was beliebt, ist auch erlaubt, pflegt der Geniesser zu
verkünden. Doch muss er auch herzinniglich dafür
bezahlen

Die Unschuld überstrauchelt bei Gelegenheit
die eignen Füsschen

Machst du dir etwas vor, so machen dir`s
die Geister der Verstiegenheit getreulich nach

Bist du ebbe musst du nicht lange auf
die Überflutung warten

Dem Sagenhaften folgt das Ungesagte auf dem Fuss

Was bildest du dir ein, bevor du ausgebildet bist

Ich kann den Tag der Wonne mit den Meinen kaum
erwarten

6.4

Schöpfst du, hab *Ich* dir dazu Meinen Schöpfer in die
Hand gegeben

Bist du aufgezogen, spult sich alles Mögliche bald wieder
von dir ab

Auf warm folgt kalt, doch alsobald will *Ich* dich
treulich wieder wärmen

Im Überirdischen liegt ständig neue Würze
für Äonen

Deine Freiheit ist in Meiner inbegriffen, unfehlbar

Damit *Ich* rede hast du unbedingt zu schweigen,
selbst in deiner höchsten Qual

Was *Ich* dir vor`s Gestalten lege, ist für Mich schon
längst vollbracht

Viele Seinsgeschöpfe wenden sich Mir zu,
um sich am Dasein innig zu erlaben

Der Gerechte spricht aus Mir in sanften, runden Zügen

Wer mit seinen Waffen nicht zu handeln weiss
ist bald verloren

Was immer zu bestimmen ist, bestimme *Ich* in letzter
Konsequenz der Weltenevolution

Es denkt in dir, wenn du des Denkens dich enthältst

Deine Story ist die Meine in des Seins Bewusstsein und
Erleben

6.5
Die grossen Geister heben uns mit ihren Schwingen
himmelan

Dem Sein gemäss der Welt verpflichtet
unentwegt voran

Der Würdenträger deiner selbst bist du
mit einer Fülle wunderbarer Seinsschickanen

Du machst dich aus dem Staub vor Mir. Das kann für dich
recht ungemütlich werden

Es lohnt sich für dich, hin und wieder vor Mir zu
erscheinen, um dein Weltbild aufzubessern im
erschütternden Begreifen

Kannst du es nicht lassen, überall Kritik zu üben,
kritisiere auch dich selber als gediegnes Hauptmotiv

Die Schwachen sollst du stärken und voll Eifer
mit den Starken um die Wette laufen

Kaum zu glauben wie viel sturen Ernst ein einzig Wort
von silberheller Heiterkeit vertreiben kann

Wer Güte pflanzt wird Liebe ernten
in der Seinskultur der Generationen

6.6

Was du immer tust erledige in *Meinem* Namen,
damit es wohl gelingt in des Lebens Litanei

Dein Seinsbewusstsein ist der Aufwind für dein
göttliches Erheben

Verbrauchen sollst du nichts, ohne neue Kräfte in die
Menschenwelt zu lenken

Mein Reichtum überschüttet alles, was da *ist,*
mit Weltenwundergaben

Mache Ernst mit dem Vertrauen,
Meinem zu

Ich überwinde alle Grenzen mühelos,
und wo windest du dich hin?

Nach der Finsternis das Morgenlicht zu schauen,
welche Gnade Tag für Tag

In kürze wirst du mehr von Mir erfahren, als dir je zuteil
geworden ist in buntgescheckten Jahren

Keine Sorgen mache dir, derweil du weisst,
dass *Ich* dein vaterländischer Beschützer bin in allen
Lebensdisziplinen

Aus der Fülle spreche Ich dir Güte zu,
von dem Himmelsglück das Ich verwalte

Eifere den Schwalben nach, die noch den
warmen Sommer mit sich tragen

6.7

Das klassische Design in *Meinen* Welten ist die Ideologie
der Seinsbewusstheit, die Ich bis ins letzte Detail
propagiere

Klarheit über alles herrscht, wo Ich Mich selbst gefunden
habe

Trittst du an, so trete Ich bescheiden aus, doch wo du
resigniert hast, kann Ich endlich Meinen Auftritt wagen

Was macht dich stark, wenn nicht der Starkmut
deiner Ahnen

Bist du gefährdet, so entschärfe Ich den Übermut der
donnernden Kanonen

Gar vieles was im Sand verläuft ist nicht tief genug von
dir begossen worden

Kein Krempel ist so nutzlos wie gerade der, den du
geneigt bist leichterdings zu produzieren

Was wahre Güte ist brauch Ich dir nicht zu sagen
doch beweisen musst *du* sie

6.8

Knusper, knusper Knäusschen, es weht der Wind dir
ständig Kostbarkeiten von Mir zu

Beim Kamelhof abzusteigen dürfte nicht ganz
unverfänglich sein

Glaube macht nicht immer selig, besonders wenn du dich
mit GPS verfährst

Ein Kratzerchen am Lack der Limousine kann dein
Ehrgefühl viel mehr verletzen als ein Löwenprankenhieb

Unsinn ist nicht schwierig auszusagen. Beginnst du bei
den Flöhen werden sie von selber riesengross

Gewöhne dich daran, dem Bekannten
Unbekanntes anzufügen

Im Winter verblasst das Lächeln der Sonne
das dich vordem begleitete von Tag zu Tag

Hast du schon eine Katze baden sehn?

Kleine Ursache, grosse Wirkung in der Hitparade

Was erlebst du, wenn du *Mich* erlebst? Ein Feuer der
Begeisterung und des akuten Wohlgeratens

Selbst beste Referenzen können nicht genügen, um bei
Mir gebührend anzukommen. Ich verlange
Taten auf den Spuren Meines Wohls

Wie findest du, was *Ich* dir mitten auf den Lebensweg
gegeben? Ausgesprochen hilfreich für das Schreiten
dem Unendlichen entgegen

Wohl steht es dir an auf Trab zu bleiben in Bezug auf
alles was dir so begegnet, ganz besonders auch auf Mich
bezogen

Wie rührend ist es, dich für einmal seriös und blütenrein
zu sehn in deinen Wünschbarkeiten

Glaubhaft bist du nur, soweit dein Glaube *Mich* betrifft,
in deinen multiplexen Kapriolen

6.9

Glaubst du dich sicher, musst du erst einmal *Mein*
Sicherheitssystem getestet haben

Was dir noch fehlt ist unlöschbar in *Mein* Gewissen
eingeschrieben

Kalamitäten habe Ich erfunden, um dich näher an Mein
Sein heranzuführen

Was immer du erstrebst, kann Ich dir frei heraus erfüllen,
in der Kraft zur wohlgemessnen Tat

Unrettbar verschlungen in das Sein der Welten
trittst du deine Stelle bei Mir an

Was dich wie Mich betrifft kann nur ein Zauber von
Begeisterung und Lebensliebe sein, die sich allüberall
auf's Köstlichste verbreiten

Markante Änderungen, was das Sein betrifft, sind nur
von Mir und Meinem götterlichten Grossmut zu erwarten

Nur in *Meinem* Seinsgewissen kannst du dich wahrhaft
grandios und weltgewandt erleben

Nolens volens wirst du in den Strudel Meines
Zärtlichseins hineingezogen

In *Meiner* Hemisphäre wirst du dich mit deinem ganzen
Hofstaat nimmermehr blamieren

In Mich wie dich gedrungen,
kämpft das Sein um seine Würde und Verehrung

6.10

Transaktionen monetärer Art sind öfters von der Gier
nach Goldenem begleitet. Hüte dich davor

Das Seinskonstante will auch dich in die verehrenswerte
Tugendhaftigkeit versetzen, die Mir so am Herzen liegt
im Andersartigen

Keine Rede von Verzeihen, wenn du dir nicht selbst
verzeihst in deinen wütenden Verstiegenheiten

Was meinst du zur Idee vom guten Hirten,
der die Schafe vor sich her treibt zu elysischen Gefilden?

Ich werfe dir den Stein der Weisen ins Gemüt
und lasse dich sein Silberglänzen schauen

Wo immer du gehorchst, will *Ich* Mich gnädig etablieren

Flaniere nicht durch Wälder, wo die Affen ihren Unfug
treiben

Ich geruhe nicht zu scherzen, wenn Ich dich an deine
Gotteswürde, Mustergültigkeit und Genialität erinnere

Was zierst du dich in deinen Runden,
wo *Ich* vor dir her geh, fürstlich und erhaben

Ich habe dir das Brandmal der Vernunft
tief in die Haut getrieben

Was klammerst du dich an die Weltengüter, wo *Ich*
klammheimlich dein Bewusstsein öffne,
strahlenden Unendlichkeiten zu

Der Kühne kämpft mit offenem Visier und lässt sich nicht
die Sicht auf's Ewige betrüben

6.11

Morgen weht ein andrer Wind als heute,
der auch dich zu neuen Ufern dirigiert

Konsterniert betrachtest du das Unheil das du angerichtet
hast, doch weiss Ich, dass es dir zum Heil gereicht im
Wohllaut Meines göttlichen Regierens

Taubenweisheit gurrt ob dem Behagen, ein paar Körner
aufgepickt zu haben

In der Heimat ist gut leben, besonders wenn es *Meine* ist
im gottbegnadeten Azur

Dumpfe Schläge hallen durch den Raum,
wenn Ich im Drohschritt ihn durchschreite

Konsequenzen solltest du vermeiden,
weil sie dich behindern selbst vor Mir

Hübsch der Reihe nach wird alles Würdige geschehn,
in Meinen göttlichen Dimensionen

Schwierig ist es für dein Mass, das Kommende
vorauszusagen, doch für Meines ist's ein Kinderspiel

Trotzen magst du wie du's immer möchtest,
doch bei Mir kommst du damit nicht an

Das Fabelhafte hat so seine Tücken, weil es der
Selbstgefälligkeit beständig Vorschub leistet

Deine Werte sind von Mir von Tag zu Tag gewogen
und stehen nun in blanker Wirklichkeit vor Mir

6.12

Ich schleife, was an dir geschliffen werden muss,
bis deine Züge Meinen bis in's Detail gleichen

Das Azimut der Freude hab Ich für dich eingestellt,
an der richtungweisenden Bussole

Freundlich und verständig Bin Ich deinen vehementen
Rudergängen gegenüber

Falsch platziert ist halb verloren

Deine wahre Wende ist die Umkehr,
Mir entgegen

Auf der Fahrt in's Blaue bist du ständig
auf das Grüne angewiesen

Gelassen solltest du die Alpen überqueren,
um danach den Süden inniger zu geniessen

Schon die Frösche haben es in sich, sich ungeniert am
Leben zu erhalten. Umso mehr bist du verpflichtet,
deinem Dasein Schwung und Rasse, Sinn- und
Anmut zu verleihen

Punkt und Strich gehören ebenso zusammen
wie Mein Wort und dein Gehaben

Hast du das Gefühl allein zu sein, so mache dir bewusst,
dass du in Mir das All bist, hocherhaben

Selbst wo die ärgsten Winde heulen, kannst du dich
getrost darnieder lassen im Bewusstsein, dass es alleweil
in Mir geschieht

6.13

Wie kannst du nur so kritisch sein, wo *Ich* dich wie ein
Mahnmal intus habe

Wem gehörst du: dir oder Mir, oder gar beiden?

Jeglicher Gewalt entronnen, sollst du wie ein süsses
Kindchen in Mir ruhn

Das Fabelhafte ziert dein Wesen, wenn du es begriffen
hast, befreiend, licht und schön

Das Jämmerliche setzt sich fort in Weh und Klagen

Betrifft es dich, merkst du wie weh die Prügel tun

Du hast keine Ahnung, wie amüsiert Ich Bin
ob deinem Rasen

Willst du Seidenraupen züchten, halte dir stets
das Wofür vor Augen

Vollendet ist das grosse Werk erst, wenn auch du
vollendet bist im Weltenwesen

Was strebst du an, wenn doch dabei nur *Ich*
in Frage komme

Wer will dir denn den Meister zeigen, wo *Ich* für dich
streite in der Herzensruh

Kurios sind deine Wege, wo die Meinen durch Äonen
unerbittlich höhwärts streben

Die Gottesferne macht dich fad und unterwürfig.
Kommst du jedoch Mir behutsam nah, so blühst du auf
in hunderttausend Variationen

Ich tröste dich von Zion aus, sowie du offen und
empfänglich bist für Meine Inspirationen

Was kümmert dich die Welt, wenn du *Meine* hast
gefunden

In dir wird Meine Hocherhabenheit und Fülle offenbar

6.14

Du benimmst dich wie ein Tölpel und verlangst von Mir,
dass Ich dich hurtig auf den Sockel hebe

Nicht der geringste Mangel ist Mir zuzuschreiben.
So ziehe denn zu Mir hinüber und sei ewig heiter,
seinsbewusst und wunderbar

Anerkennend und verehrend fällst du vor dem nieder,
was Ich Bin und was du wirst im Menschengöttlichkeit-
Erlangen

Wann beginnst du die Geschichte deines Seins
in Schlichtheit zu erzählen?

Trage dich Mir an und rechne aus, was damit
Wesenhaftes und Verklärendes herausschaut für dein
ganzes Sein und Leben

Stilisiere aus der Mücke keinen Elefanten und mache
dich nicht lächerlich mit deinen tiefgefassten und
verbindlichen Prognosen

Wärme ist das A und O des Fortschritts und Gewinns
in deinen Seelenregionen

In Mir und *Meinen* Reichen ist gut leben. Du gleitest
federleicht dahin in der Unendlichkeit der Göttersphären

Gewandt sein heisst: Mich voll und ganz begriffen und
erwählt zu haben

Katastrophen sind nicht Mir sondern deiner
Geisteshaltung zuzuschreiben

Was dich betrifft kann Ich nur ahnen, welchen Narreteien
du anheimfällst, deines all so menschlichen Betragens
wegen

Kippe Ich nach vorn, kippst du nach hinten,
statt es Mir getreulich gleich zu tun

Ohne Meinen Einfluss wärst du schon längst
auf der Strecke geblieben

Schlägst du dich den Kindern des Vertrauens zu,
hast du dich bereits zu Mir geschlagen

6.15
Wie lächerlich erscheint Mir das Gezeter, das du alleweil
vollführst, wenn dir etwas über's Leberchen gekrochen
ist in deinem wirren Laborieren

Burschikos erscheinst du Mir in deiner ständigen
Besorgtheit um dein Wohl, derweil *Ich* es mit
Nonchalance und weltenweiter Übersicht besorge

So tapfer du auch scheinen magst, niemals kannst du
ohne *Meine* reüssieren

Wer hat dich jeweils aus dem Dreck gezogen,
wenn nicht *Ich* in Meinem weisen Disponieren

Wie kannst du nur so zögerlich auf Meinen Willen
reagieren, dir zu Geisteswohlstand, Seelensicherheit und
Labsal zu verhelfen.

Mehr als *Meine* Hilfe braucht es nicht, um alles, was du willst, auf's Eleganteste und Überwältigendste zu erreichen

Per Du zu sein ist immer dann von Vorteil, wenn es um subtile Dinge geht, die anders schwerlich zu erreichen wären

Dein Glaube hat dir stets geholfen, wenn er lauter, intensiv und unbestechlich war

In der Sonnenaura darfst du leben, wo die liebevolle Gottheit thront

Wenn du frierst, zieh dir *Mein* Jäcklein an

Frisch gepflegt und wohlgenährt muss alles sein was *Ich* zu betreiben trachte

Frei von Not und verheimlichtem Tun sollst du durch's Leben defilieren

Die Tugend der Enthaltsamkeit ist nichts für dich, solang du brünstig bist nach jedem Augenzwinkern

6.16

Was knabberst du, was plapperst du Mich an, wo du doch endlich deine eignen Füsse brauchen sollst, um aufrecht und erfolgreich dazustehn

Mir sind die Kraniche des Ibykus ein hehres Vorbild für die Art und Weise, wie das Tun der Menschen aufgedeckt und regelrecht geahndet werden kann

Nur den kleinen Finger brauche *Ich* zu rühren, um deine Welt im Grunde zu erschüttern und bald darauf zu wahrer Grösse und Bewusstheit zu erheben

Meuchlings kannst du bei Mir nichts erreichen, aber mit
bewusstem Vorwärtsdrängen viel

In der Einheit sind die Weltenkräfte konzentriert, die zur
Evolution und zur verheissungsvollen Vielheit führen

Mit geschickt geschwungenen Macheten kann noch jeder
Wildwuchs ausgerottet werden, so auch deiner mit
Gedankenschärfe und geschärftem Seinsprofil

Fühlst du dich der Welt entfremdet,
steckst du immer noch zutiefst in ihr

Du bist nicht in diese Welt geboren,
um völlig unverändert wieder von ihr abzutreten

Was du versprichst musst du auch halten,
so wie *Ich* es seit Äonen schon getan

Sonderbar ist dein Verhalten in Bezug auf Mich,
so als wär` Ich nicht vorhanden

Was immer du in dir bewahrst,
soll wohlbedachten Frieden finden

Mein Kosmos soll der deine werden
im unendlichen Gedankenspiel

Der Vater und der Sohn, das Sein und das Geschaff`ne
in der Einheit des sublimen Weltsystems

Transzendenz steht über dem Begriff der Bitterkeit
am virulenten Weltgeschehn

6.17
Was willst du hoffen, wenn nicht auf den Herrn, in seiner
seelenvollen Art, den Weltendingen zu begegnen

Was leicht verfängt,
kann noch recht schwierig für dich werden

Im Farbenherbste ist gut leben,
sterben auch

Wo die Sonne strahlt, strahlt auch das Herz
in wonnevollen Zügen

Ein ebenmässiges Gemüt
ist Gold wert auf den Fluren

Die Abendsonne führt dich sachte himmelan

Wovon du sprichst ist deines Herzbewegens Motivation

Die Fahrt ins Glück führt meistens
über steinige Wege

Lächeln sollst du lernen
über das was dir geschieht

Wem du dich vertraust
wird sich auch dir vertrauen

Was kannst du anders wollen
als *Mich* zu finden im Allhier

Musik ist Marzipan für deine Seele

Bedenken vor der Zukunft magst du haben
bis du vollends Mir gehörst

6.18
Grossmut ist vonnöten
um das Leben redlich zu bestehn

Was *Ich* spende ist für's Ewige gedacht
in deinem Wintergarten

Das Köstlichste in deinem Leben Bin noch immer *Ich*
mit Meiner Seinserhabenheit gewesen

Weisst du zu schweigen, schwimmen dir holdselige
Gedanken zu aus Meiner wonnevollen Geistnatur

Kein Minderes als *Ich* kann dir den wahren Sachverhalt
erklären, der dein Leben ausmacht und zu wunderbarer
Seinsgelassenheit, Glückseligkeit und Geistesgrösse
stilisiert

Sieh dich vor, Ich will dich Mores lehren, dass du Mich
begreifst, so wie Ich ständig in dein Wesen greife

Konsterniert betrachtest du, was dir Ungewolltes von den
Händen lief, dann trachtest danach es nicht mehr zu
erleben

Die Spannung steigt, solange du nicht einsiehst, wie
geniesserisch *Ich* deine Zweifel lösen könnte

Kurs auf Afrika scheinst du zu halten, wo die Hitze dich
versengt und dich die Wälder trügerisch
gefangennehmen

Wo sollen wir denn stehn, wenn nicht auf felsenfestem
Boden?

6.19

Suchst du klassische Beweise für den Hergang allen
Weltgeschehns, so wirst du sie gewiss in *Meinem* Köcher
finden.

Das Universum ist von A bis Z vom Netzwerk *Meiner*
Siegestaten überzogen

Unendliches wird wahr in der Hemisphäre Meines Seins
und sinngerechten Handelns

Das Trauliche an sich ist in Mir aufgereiht,
wie Kraniche und Störche vor dem Zuge

Weisst du denn wie sehr du Mich vertrittst im Handeln
an der Welt und ihren Faszinationen?

Bravsein ist nicht immer wohlgetan,
in Meinen Weltdimensionen

Momentanes kann sich als das Tor erweisen
zu gediegenen Unendlichkeiten

Wie verändert sich doch deine Ansicht,
ob sie innen oder aussen sich vollzieht

Im Sein erlebst du, was du immer wolltest:
Sinn, Gerechtigkeit und unermessnen Frieden

Was der Christ von sich behauptet,
ist gar schlicht und morgenschön

Glück, Gerechtigkeit und Frieden schenk Ich dir
im Stapellauf der Zeiten

6.20

Der Lebensteppich wird am allerlieblichsten von Mir
bestickt , wenn du Mich nur gewähren lässest in der Folge
deiner zwitterhaften Taten

Brummbären kann Ich nicht gebrauchen in der
Seinsphilosophie, die Ich Mir ein für alle Mal
zurechtgeschnitten habe

Du fieberst ständig irgendeinem Traum entgegen, doch
wirst du stets enttäuscht, wenn er nicht *Meinem*
Sinngehalt genügend Raum gegeben

Als Magnet der Hoffnung und der Liebenswürdigkeit
will Ich dich gern bezeichnen, wenn du nach *Meinem*
Duktus und Befehl agierst.

Geschenke kann Ich nur verteilen, wenn Ich sicher bin,
dass sie von dir verwertet werden

Du benimmst dich wie im Nebel, derweil Ich
sonnenglänzend über deinem Dasein steh

Zuckersüss sind deine Reben,
derweil *Meine* Säfte sie durchströmen

Von Mir bekommst du nichts zu sehn,
doch allerhand von Meinen Liebestaten

Wer das Unendliche erforscht
hat schon den rechten Pfad begonnen

Druckreif sind *Meine* Thesen, derweil die Deinen noch
wie Spreu im Wind verfliegen

6.21

Wie hab Ich dich geliebt und muss nun spüren, dass du
lau geworden bist und unachtsam in deinen weltlichen
Gepflogenheiten

Liegst du am Boden, besorg Ich dir das Kissen
um dich einwenig auszuruhn

Hast du Neider, nenne Mir die Namen, dass Ich sie
von dir entfernen kann

Malerisch ist *in,* solang die Maler noch nicht
ausgestorben sind

Momentanes soll nicht gleich verewigt werden, denn
darüberstolpern ist nicht schön

Wo kommst du her, ich wünsche dich zum Kuckuck,
Kapitän

Was willst du neues, wenn du nicht einmal das Alte recht
verstehst

Kratzfuss führen hilft nur, wenn dir Naive
gegenüberstehn

Das Wirkliche ist immer nur ein Teil
umfassenden Gewahrens

Zum Toren bist du dir geworden
im Jubel und Trubel übermütigen Benehmens

Hast du dich an Mich verpfändet, kann dir nur noch
Zauberhaftes, Liebenswertes und Elysisches geschehn

Fühlst du dich frei, so überträgt sich deine Laune auf dein
ganzes, wundervolles Milieu

6.22

Bist du lustig, hüte dich davor des guten Tons
verlustig zu werden

Gemäss dem Stand der Dinge kannst du freudevoll
bemerken, mit welcher Inbrunst Ich dich hege, neuen
Wirklichkeiten zu

Kostbar ist und köstlich was *Ich* dir aus Meiner
Seinssubstanz voll Grazie vergebe

Begreifst du *Mich* hast du das Sein, mit allem, was es in
sich birgt, auf's Redlichste begriffen

Gehorsam sei dein Wille,
und All-Liebe dein inbrünstiges Gebet

Von keinem Nutzen ist das Sein, es sei denn von dem
einen, der Glückseligkeit an sich im universenweiten
Sich-Vereinen

In Punkten und Strichen Bin Ich aufgereiht zur
Gegenwart in dir und deinen siegessicheren
Agglomerationen

Komm in Mein Baptisterium und lass dich taufen mit
dem Wasser der Gerechtigkeit von *Meinen* Gnaden

„Befiehl *Du* Meine Wege", will Ich immerzu von dir
vernehmen

Ein Hoffnungsschimmer, von Mir angefacht, soll dich
allezeit auf's Freundlichste beseelen

6.23

Was beklemmend ist, soll von dir sogleich ausgemistet
werden

Was dir wirklich hilft ist immer auch von
Meiner Meistersicht geprägt

Wenn du ein Kapuzineräffchen quälst, so machst du
Mich zuschanden, lieblos und entschieden

In jedem Wesen *Mich* zu lieben sei dein Wollen,
wie dein sagenhaftes Ziel

Du gewinnst, derweil du noch verlierst, an Grösse und
Gewicht vor Meinen Strahlenaugen

Ich bringe dir zu Kenntnis, dass Mein Wille deinen um
Potenzen übertrifft

Wie kannst du reüssieren wollen, ohne *Mich* zu
konsultieren in der Lebensqual

Unbändig ist Mein Drängen, dich zu fördern und zum
Eintritt zu bewegen in Mein delikates Universenwohl

Was Hänschen nicht lernt, muss Hans unter Schmerzen
endlich verstehn

6.24

Verscherze nicht, was du in mühevollem Tatendrang für
dich gewonnen

Kleider machen Leute, doch deines soll in Schlichtheit
nur von deiner Menschlichkeit erzählen

Was Mich an dir berührt ist deine Fähigkeit,
in deinem Urteil von dir selber abzusehn

Wohlbewandert sollst du in der Zunft der Prächtigen sein, die ihrem Leben den Begriff des Götterrechts wie der Glückseligkeit verliehen haben

Willst du retten, rette dich zu Meinen, wie zu deinen Gunsten, in des Geisteshimmels Arsenal

Von Glück kannst du reden, wenn Meine Schwinge dich berührt hat im holdseligmachenden Vorüberwehn.

Die Kraft der Worte liegt in ihrem meisterhaften Aneinanderreihen

Was du dir erträumst, ist in Mir längstens wach und wirkungsvoll geworden

Finden ohne gesucht zu haben, ist Meine Taktik seit Urzeiten

Wird es brenzlig, weiss *Ich* Mich mit Nonchalance im Guten zu bewahren

Mehrwert *und* Misere kommt von Mir, um dich getreulich in den Himmel der Gerechten zu erheben

Was Aufruhr bringt ist Mein probates Mittel, um träggewordene Gemüter aufzuschrecken, Meinen götterlichten Regionen zu

Heerscharen trippelnder Zwerge seh Ich vor Mir, von einer handvoll Geistesfürsten angetrieben

Mein Gedächtnis lässt Mich nie im Stich, wenn Ich dein Erdensein bedenke, um dir gehörig einzuheizen

6.25

Wer will schon seine Klinge mit der Meinen kreuzen,
weiss er doch, er wird bedenklich unterliegen

Selbst wenn deine Welt in Schutt und Asche sinkt,
Bin *Ich,* der Lebendige, bei dir und bewahre dich im Sein
der Universenweiten

Lächelnd leg Ich Mich an deine grüne Seite,
um dich wahres Zärtlichsein zu lehren

Wie kommt es, dass du weinst vor Glück, derweil du
spürst, Ich will dich bei Mir haben

Der Herr hat's gegeben, der Herr hat's genommen,
ihm ist für dich gar nichts zu viel

Die Güte Gottes darfst du spüren, mitten
im gestrengen Weltenlos

Mayday wirst du nimmer rufen
unter Meiner wohlgefälligen Regie

Ein Boom ist von Mir niemals zu erwarten,
Beseligung und Lebenswonne aber schon

Süsse Inspirationen sind noch immer deines Lebens
Wohlklang und entschiedene Bereicherung gewesen

Festliches ist immer sehr gefragt in deinen, wie in
Meinen silberhellen Regionen

Was dein Sein betrifft sollen friedevolle Heiterkeit und
Harmonie, Holdseligkeit und Wachheit in ihm herrschen

7

Im natürlichen Gehege

7.1

Ich bewahre dich vor Trübsinn und Verzagen mit dem
Mittel der Begeisterung am solenellen Leben

Meinem Fortschritt kann kein Stückwerk dienen,
wo alles in perfecto sich vollzieht

Nur der Erhabene kann wissen was dir nottut in der
Vielfalt der Geschäfte, die dich in die Ecke drängen

Was recht und billig ist, will Ich an dir verrichten
im natürlichen Gehege

Wundervolles Gegenüber: Eines vollen Mondes
Urgestein

Das Rhythmische bewährt sich darin, Kräfte zu
entfesseln - und zu sparen

Meine Mannschaft steht dir zur Verfügung,
preislos, tapfer, unfehlbar

Wer hat schon recht begriffen, was sein Sein bedeutet
in den Göttersphären ausser Mir, dem Urgedankenträger
und Vermittler aller Himmelsgnaden

Du *Bist* und kannst nicht von dir selber weichen

Bitte recht freundlich, ich knipse, um dich einzufangen
in Mein Netz und Meine allumfassende Regie

Bist du ein Biedermann, so sei und bleibe es,
es sei denn du willst deinem Leben Sinn und
Seligkeit verleihen

Ich führe dich zum Sternenwohl und sage dir: Sei hell wie
sie und sei von ihnen ins Unendliche getragen

7.2

Die Güte Gottes läuft dir nie davon und schenkt dir
Stärke und Erhabenheit, Transzendenz und wölkchen-
leichtes Himmelsweben

Hast du die Gabe der Verheissung, verheisse *Mich* und
Meine Sagenhaftigkeit in dir

Ein kupfernes Gefäss kann dir beileibe mehr als hundert
goldene bedeuten, je nach dem Inhalt der ihm eigen

Ich will dir zeigen was du Bist in Mir und Meinen
hunderttausend Kombinationen

Freibier! Bitte schenk ihm kein Gehör,
es könnte dich schmählich betrügen

Wandle und verwandle alles, was dir so begegnet, in ein
Fest der Zuversichtlichkeit und Lebenswonne

Willst du zirkulieren, verschreibe dich dem Zirkus
dieser Welt mit Haut und Haaren

Schielst du nach Beachtung, schau auf die Neigung
welche dir entgegenschlägt - und im gegebenen Moment
erhasche sie

Sei brüderlich und schwesterlich in deinen
fabelhaften Köpenickiaden

Was du immer tust, vollbringe es mit Lebensfreude und
herzinnigem Geniessen

7.3

Biederkeiten sind bei Mir verpönt, das wahrhaft Grosse
muss Ich selbst in Szene setzen

Voran, voran, die Strassen weiten sich
bis ins unendliche Erheben

Gekonnt verwalte Ich dein Leben
bis es sicher ist in Mir

Spannung herrscht in deinem bangenden Gemüte, bis *Ich*
dich mit einer Geste der Entschiedenheit davon erlöse

Was dir bekannt ist kann auch täuschen,
derweil das Unbekannte wissender agiert

Kontrovers kann vieles sein, doch Mir gelingt es,
Einigkeit zu schaffen über allem jemine

An sich selber mögen viele leiden,
derweil der Eine führt die Welt aus ihrem Weh

Wo du stehst ist Mir bekannt, doch scheint Mir,
dass auch du es wissen solltest

Was sich abspielt ist auch *Mein*
gewissenhaftes Spielen

Das Bedächtige ist dem Geschwinden immer wieder
haushoch überlegen

Viel Lärm um nichts kommt Mir bedenklich vor,
derweil *Ich* alles mäuschenstill besorge

Womit *Ich* dich betreue ist auf's Schärfste zu befolgen
auf der virulenten Lebensbahn

7.4

Das Ding an sich hat immer wesenhaft mit Mir zu tun

Privatim mag dir gar vieles wohlgelingen,
doch in *Meinen* Augen ist es alles andere als legitim

Heulen wie der Wolf im Walde sollst du nach Erkenntnis
deiner selbst in hunderttausend Kombinationen

Ich verpasse dir, was dir noch fehlt, nach dem Prinzip von
Zuckerbrot und Peitsche im lebendigen Theater das du
frequentierst

Unmögliches wird möglich durch die Kompetenz und
Sachlichkeit, mit der Ich das gesamte Gottesreich
regiere

Bist du Mir bekannt, so ist es Mir ein Leichtes dich mit
Lebenswonne und Bewusstheit zu begaben

Ich beglaubige dein Tun, sowie es Meinen Plänen
liebevoll entgegenkommt, in gütestrahlenden
Unendlichkeiten

Bevorzugst du das Rechtsherum, kann Ich dir zu
bemerkenswertem Schwung verhelfen

Das Ziselierte schmiegt sich Mir besonders innig an,
im Zuge deiner Wundertaten

Dein Schwimmbad ist ein tödlicher Teich, es zieht dich
ins Verderben, sofern du's nicht mit andern teilst

Willst du hoch hinaus, sollst du ins Sonnenhafte Meiner
hocherhabenen Bewusstseinssphären tauchen

Du hast nur unter dem zu leiden, was unbekannterweis an dir geschieht und was dir zu durchschauen aufgegeben

Willst du guter Hoffnung darauf sein, den Wohllaut Meiner Worte zu begreifen, ist dir schon viel geholfen in deinen wilden Lamentationen

Das Krisenhafte ist noch immer bestens dazu angetan, dich schleuniger voranzubringen, als der wirbellose Schlendrian

Liebst du Münzen, münze deine Weisheit stets auf *Mich,* damit es dir im Herzen wohl ergehe unter Meiner sinngeladenen Regie

Drückeberger haben mehr als andere darauf zu achten, dass sie niemals auf dem falschen Fuss erwischt und danach abgeurteilt werden

7.5

Was es weiter zu vollbringen gilt, soll dich vornehmlich an *Mein* Denkprofil erinnern

Ich selektiere Meine Hilfe nach dem Motto: Wer soll sie zuerst erfahren in der Stille eines ruhig fragenden Gewissens

„Es schmeckte halt so gut," flüstert dein Gewissen, wenn du wieder naschtest, statt der Versuchung schleunigst aus dem Weg zu gehn

Dir soll die Dankbarkeit für alles, was du Bist, stets ins Gesicht geschrieben sein

Ein Maskottchen auf der Schulter oder dann am Schlüsselbund wird deinem Renommee gewiss nicht schaden

Was tunlich ist zu unterlassen, darf nimmermehr zu
deinem Lebensstil gehören

Dich auf eine Bank zu setzen ist dein gutes Recht,
jeder Bank gehörig zu misstrauen auch

Eine Wundertüte trägst du strahlend in der Hand,
sowie sie leer ist, ist der Glanz in deinem Angesicht
verschwunden

Zauberhaft sind kleine Kinder anzusehn
in ihrem selbstverlornen Spielen

Du rückst Mir nah, sowie die Einsicht dich bewegt, dass
du das Grösste bist was *ist* gerade wie das Kleinste
auf des Lebens glühender Kometenbahn

Was tanzt strahlt Freude aus, bewusste Energie, sowie
allherrliches Gelingen

Einer Kuh die Achtung zu entziehn, weil ihr die Milch
versiegt, ist unfair, ist doch manches Kälbchen an ihr satt
geworden

Katzen sind geneigt zu schmusen bis sie Futter kriegen,
alsdann ist die Liebe schon vorbei

Eine Option ist immer auch ein Aufruf zur gesunden Tat

Kannst du tauchen, tauche *einmal* nur nach Mir – und
dann immer wieder

Den Minnesang der Freunde Gottes darfst du ständig auf
den Lippen tragen, hast du *Mich* zum traulichen
Gespan erwählt

7.6

Wo der Donner grollt Bin Ich genau so gut am Werk
wie dort wo zarte Liebe Zärtlichkeiten flüstert
in's geneigte Ohr

Bei Mir ist unverzüglich Zahltag, wo es gilt erzieherisch
zu wirken

Schaffst du, so schaffe Ich an dir und deinen Werken,
universenweit gesehn

Dein Bewusstsein dehnt sich aus in götterlichte Fernen,
wenn du ihm gestattest, gleich dem Gotteslicht zu sein
in dir

Die Hunde wedeln mit dem Schwanz schon lang
bevor sie ihre Schüssel kriegen

Rekapituliere was du Grandioses hast vollbracht in
deinen schöpferischen Tagen und gesteh dir, dass es
immer *Meinem* Vorbild Ausdruck und Gestalt verlieh

Die Kinder fordern das Allmenschliche dazu heraus,
sich seine Sache gut zu überlegen

Wer knabbert ständig Meine Weisheit an, wenn nicht
dein hilfesuchender Verstand in seinem Ungenügen

„Gross bist du und heilig", sei auch dir gesungen, wenn
du *Mich* auf's Innigste erhörst

Der Herdentrieb wird in der Länge und der Breite
ausgenutzt von vielen andern Trieben

Hast du genug beginnst du unbemerkt, von vielem was
dir hoch und heilig war, Relieve zu nehmen

Das Violette mag dich traurig stimmen, doch ist es
bestens dazu angetan, dich auf Abschied wie auf
Neubeginn zu trimmen

Was sollte Ich dir angedeihen lassen, wenn
nicht Bewusstheit, Sorgenlosigkeit und seelenvolle Ruh

Wo beginnt dein Metier und womit endet es,
will Ich dich gütlich fragen?

Zum Feierabend bläst der Wind bedenklicher um deine
Ohren und die Worte bleiben im Gedächtnis stecken,
dir zur Seelenqual

Du schöpfst Verdacht im Hinblick auf den Lebensfaden,
wie lange er noch taugt, dich in der Gegenwart zu halten

Dein Gang wird schwabbelig und deine Zähne haben die
Tendenz hinauszufallen

Das Leben wird zum Rätsel, ob es sich verflüchtigt oder
ob es weitergeht ad ultimum an Sommersonnentagen

Was *Ich* dir präsentiere ist ein Feuerwerk von Farben
vor dem stillen Untergehn

7.7
Es muss nicht sein, doch *ist* es und kann niemals wieder
wegbedungen werden

Wer sich im Bade der Natur vergnügen will, muss auch
bereit sein, ihre Kühle zu ertragen

Köstlich ist es, einem Kind in seiner Seinsverliebtheit,
Eigenwilligkeit und Himmelsgrazie zuzusehn

Das Abstruse in Mir will Ich kämmen, bis es schön
geglättet und vertraulich vor Mir liegt

Eleganz und Herzensgüte sind die besten Gaben,
die Ich zu verstrahlen Mir ersonnen habe

Glückliche Gemüter sind der förmlichste Beweis dafür,
dass Mein Resümee der Göttertaten stimmt
im Wandelgang der vielen

Nimmst du *Mein* Brauchtum an, so wird dir auch nicht
das Geringste fehlen zur Gottseligkeit in Meinen
lichterfüllten Räumen

Bist du edel, wird sich deine Zukunft als
gesittet, adelig und seelenvoll erweisen

Unfehlbar wirst du dereinst zu Meiner Seinsgenossen-
schaft gehören in der Einsicht, dass du Bist Mein Zirkel,
Zug und Markenzeichen

Die Schule schwänzen ist nicht schön, zumal wenn es die
Meine ist in unerhört gewissenhaften Geisteshöhn

Der Katheder ist auf *Meine* Höhe eingestellt, doch dir zu
lieb will Ich ihn etwas tiefer schrauben

Was du gern möchtest ist nicht immer auf dein
Butterbrot gelegt

Wie mit feinem Samt sind deine Kanten überzogen,
seitdem du Meine Güte kennst im schauenden
Gebete

Bei Mir läuft alles wie geschmiert, wenn du nur richtig
einbiegst auf die Zielgerade

7.8

Der Weise ist dem Kampf enthoben und verweilt
beglückt in sich und seinem Seinsbegreifen

Himmlisch oder irdisch: wähle du

Gut gewählt ist halb gewonnen
in der Zeit des Erdenwahns

Nubo, Tubo Pappenstiel für meine
klug gewordnen Finger

Auch der Geistliche legt, wenn Bedarf ist,
handfest an

Gut ist, was im Seinsgewissen
seine absolute Ruhe findet

Meine Wege sind den Deinen vorgelagert,
genauso wie die Deinen es den Meinen sind

In Mir floriert das immerwährende Erbarmen an der
Welt, die Ich mit soviel Akribie, Geduld und liebevoller
Zärtlichkeit geschaffen habe

Der Mondstein strahlt die Sonnenhelle ab und stellt dir
die intense Frage, was strahlst du?

Wie kann es sein, dass du *Mich* nicht gewahrst, derweil
Ich doch mit allem, was da *ist,* Meine liebevollen Flügel
um dich breite

Ich schätze den Kalendermann, der abreisst
ohne aufzuhören, derweil Ich Mich bis ins Unendliche
entfalten kann

Ich stelle einen Zeltner unter mein Gesäss, um
auszureiten

7.9

Wer kann dir Liebevolleres verschenken als gerade Ich,
der dich so sagenhaft versteht in allen deinen
menschlichen Strukturen

Wie mit Kübeln giesse Ich dir Meine Weisheit zu, doch
du kümmerst dich, als würde nichts geschehn, um deine
Kinkerlitzchen und bedauernswerten Kapriolen

Auf dich und deine Edukation gemünzt ist alles, was dir
so begegnet und was dich immer wieder zu verstimmen
droht

Selbst wenn dein Haar schon schütter ist, kannst du auf
Mich und Meine Günste zählen

Auf Meiner Hochburg einquartiert kann dir nicht das
Geringste fehlen, derweil du frei in *Meinem* Geiste bist
und Seinsumfangen

Kennst du den Spruch: Du bist zum Fest des Seins
geladen und darfst an Meiner grünen Seite selig ruhn

„Vergib Mir Herr für jeden unbotmässigen Gedanken,
den Ich nicht alsogleich ins Pfefferland verwies", sei
deine ständig aufgepäppelte Parole

Ich warne dich vor allzuviel Getuschel und Getriebe,
derweil die Herzensstille Schaden leidet

Der Merkpunkt Meiner Güte ist die Leichtigkeit, mit der
Ich dich und deinen Wandelgang beseele

Werde nicht zum „tunichtgut", sonst muss Ich dir mit Schroffheit und Verwegenheit begegnen

Deine Stimmung mag gespannt sein, doch sowie du *Meinen* Dom betrittst, verspürst du eitel Herzensfreue und vollendetes Genügen.

Ich mag es kaum erwarten, bis du kommst und Meiner Grazie sichtig wirst im Unermesslichen

7.10
Hast du kapiert, um was es in des Daseins Whirl und Schichtung geht, darfst du dich Seinsgewisser nennen und Beglücker des allherrlichen Systems

Einen Orden will Ich dir verleihen, mit dem Sigill der Seinswahrhaftigkeit und Heiterkeit versehn

Kranzturner sind geachtete Vertreter jener Kunst, die Ich besonders gut beherrsche in der Avenue der fabelhaften Operationen

Du bist in der verkehrten Welt ein Zeichen der Vernunft und Liebeskraft im selben Zuge

Steig herab von deinem Sockel und besteige *Meinen* in der Kunst des unerschütterlichen Höhwärtsgehns

Ich wasche dir den Sand aus tränenvollen Augen und verleihe dir damit die klare Sicht auf's Ganze deines gotteswürdigen Bedeutens

Gute Ware, schlechte Ware gilt es für dich genau zu unterscheiden, damit du niemals in die Irre gehst daran

Das Knabenhafte an dir muss dem Männlichen und
Steten weichen, sowie du rüstig bist dafür

Der Seinskadetten einer bist du, wesentlich von Mir
geprägt und bis in alle Himmel aufgehoben

Schaust du zurück, musst du nach vorne stolpern,
doch in dir zu ruhn, bringt Frieden, Harmonie und seliges
Verweilen

Wer Kritik übt, muss auch bereit sein Tadel
einzustecken in der Willkür der rollenden Tage

Preisest du den Herrn, vergiss nicht, ihm für alles,
was du Bist, herzinniglich zu danken

Erst wenn du in jeder Situation dich noch belächeln
kannst, bist du als wahrhaft weise anzusehn

Was dich wurmt ist immer selbstbezogen

Bist du einer der viel tragen will, wird unter deine Flügel
Wind geblasen

In Meinen Regionen reiner Fülle darfst auch du begeistert
fürbass gehn

Hast du von Meinem Willen, dich zu prüfen, Wind
bekommen, kannst du sicher sein, dass Ich dich
nicht verlasse in der Not

Erbarmen findet, wer in *Meinem* Namen leidet
ohne Rebellion

Wirst du Mein Kumpel auch zum Tschumpel kannst du
auf *Meine* Hilfe zählen, immerzu

Von Mir strömt Stärke in dein Sein, sowie dein Wille
alles würdig will ertragen

7.11
Das Unverfängliche in dir hat immer Recht
in seinem Alles-Überragen

Konkret gesehn, musst du auch jede andre Ansicht
gelten lassen

Ich schaue hin und wieder weg im innigen Bedauern ob
der Ungerechtigkeit in vielen menschlichen Gemütern

Gelassen nimmt der Weise Ungerechtes an und lässt es
hinter sich im Sand verlaufen

Die Tage offenbaren Heils sind für dich angebrochen,
wenn du Mir vertraust, selbst in den ärgsten Nöten

Gelassen in Mir ruhn vermögen nur die Meister
im Gelass der wallenden Emotionen

In deinen Augen lese Ich Begeisterung am neuen Tag und
seinen grandiosen Possibilitäten

In der Regel trauen sich nur Meister ihres Fachs
an ausserordentliche Operationen

Ich sage dir: Ein jeder Boden ist von Mir geheiligt und
beseelt und darf nicht frevelhaft betreten werden

Das Mittelmass stagniert in Mir, derweil das Über-
ragende Triumphe feiert mit herzinnigem Behagen

Das löst sich elegant, so wie es sein muss,
in ereignisvollen Tagen

Hast du Meisterschaft erlangt, kann dich
niemand mehr betrüben

Pardon kannst du nur erlangen, wenn du dich in Mir
vollends geborgen siehst im Unergründlichen

Alderich besorgte sich ein i-phone und begann darauf zu
spielen bis es Funken sprühte

Du hast den Ernst der Lage missverstanden, wenn du
nicht mit Mir am selben Stricke ziehst

In wieviel Künsten bist du wohl bewandert,
in der einen, Mir zu folgen, jedoch nie

Webermeister sind Experten im Vereinigen von Schuss
und Zettel. Was verbindest *du* in deinem Eifer und Elan?

Trägst du dich mit dem Gedanken, etwas Treffliches
zu tun, kannst du ruhig Mich befragen

Ich lehre dich, Gedanken nicht für flüchtige Gespinste
und Verflechtungen zu halten, sondern für Gestalter
deiner Wirklichkeit in gottgesegneter Manier

Brüche sind in *Meiner* Küche nicht vorhanden, alles
regelt sich in mustergültigen Natürlichkeiten

Ich durchschaue glasklar das Gewebe deiner
buntgesprenkelten Vernünfteleien

7.12

Nichts kommt dem Kummer gleich, der dich beseelt, wenn du ein Kind verlierst. Doch wieviele von den Meinen gehn Mir jeden Tag verloren?

Ich breche auf und breche nicht zusammen, doch der Schmerz sitzt tief, ob dem Verlust den Ich erlitten habe

Was dich betrifft besteht Gefahr, dich in der Lebenswelt vollständig zu verlieren. Ich hingegen habe Mich in ihr aufs Trefflichste gefunden.

Das Betrachten Meiner Züge hilft dir, den deinen mundgerecht zu werden durch den Schulterschluss der Lebenstage

Tief in deine Daseinswellen greift die Gottheit gütig ein, um dich voll Zartheit himmelwärts zu führen

Ich Bin die Brücke, die hinüberführt ins Land des traulichen Erinnerns an dein Sein in Heiterkeit und Harmonie

Erkennst du dich vom Sein begabt und von ihm ausgeschieden lockt es dich, zu ihm zurückzukehren unter jubelnder Gewähr

Grossmut und Stärke des Empfindens sollen dich zu Meinen strahlenden Unendlichkeiten führen

Wie kannst du an Mir zweifeln, wo doch Meine Fahnen auf herzinniger Erfüllung stehn

Rapportierst du Mir dein kindliches Versagen, kann Ich dir mit überirdischer Gewandtheit und Gewähr zu Hilfe eilen

7.13

Wo sich die Dankbarkeit findet ist immer das Herz
mit im Spiel

Was den Glanz von Meiner Güte nährt, ist der Glaube an
ein hohes Ziel, das zu erstreben ist in Mir

Wo die Wachheit herrscht, wird sich auch der Friede
finden in der Glorie der Wirklichkeiten, die dich
wohlgelaunt umwogen

Das Befremdliche ist weg von dir und die Liebe zum
Allherrlichen bewegt dein Dich-mit-allem-was-da-*ist*-
Versöhnen

Wie meinst du es mit mir, wird manch Verstörter traurig
fragen, derweil er seine Augen zu den Bergen hebt
die Ich so liebevoll bethrone.

Wer tanzt denn da, wo Ich ihm doch das Bein gestellt und
ihn verunglimpft habe?

Eine Wende habe Ich heraufbeschworen, die wird dir
noch zur Freude und zum Seelenheil gereichen

Mit Weisheit begabt und auf Flügeln getragen begibt sich
der Meister in's Irgendwohin, wo ihm Frieden
beschert ist und Ruhe des Herzens im stürmischen Meer

Wer möchte schon leiden, wenn er's gemütlicher haben
kann im Wogen des Alltags durch stürzende Stunden im
menschlichen Heer

Stöss *auf* die geschlossenen Läden, empfange den
sonnigen Strahl und beflügle dein Herz, dass es teilnimmt
am Freudengeranke der Welt

Was dich kränkte ist verblichen, Himmelshoffnung
kehret ein und wonnevoller Herzensfrieden

Du trägst die Schuld der Welt mit *Meinem*
überird`schen Tragen

Das Komplexe geistert wild herum und hört nicht auf,
nach Linderung zu gieren

7.14

Was dich wurmt ist *Meines* Wurmens Bohren,
das stösst dich konsequent zum Fortschritt hin

Manche deiner Touren sind noch krumm vor Meinen
schnurgeraden Definitionen

Steckst du in Schulden, sieh nur her, Ich tilge sie
aus himmlischem Begründen

Nur das Eine kommt zum Tragen, wenn Ich deine Seele
leiden seh`: Mein Mitleid in ereignisvollen Tagen

Du bist nie allein. An Meines Herzens Hof geschmiegt
verblassen deine Sorgen

Das ist ein wahrer Trost für deines Herzens Havarie

Edelmut im Grünen will Ich nennen, was Mein Sein wie
nichts bewegt, wie auch das deinige im Wintergarten

Deines Lobens wird kein Ende sein ob Meinem
seinssubtilen und herzinnigen Gebaren

Bedenke, dass du köstlich bist durch Mich allein und
Meine liebevollen Infiltrationen

Nun mache dich bereit, im grossen Ausverkauf ein
Quäntchen von Mir zu erhaschen

Klopfst du an, so wird dir aufgetan, doch soll es nicht das
Poltern eines dummen Flegels sein

Was Mich an dir rührt ist dein Gezänke
um ein Schlückchen Glühwein in der dürren Kehle

7.15

Was im Flachland blühen mag, wird in den Höhn
verdorren, wenn es nicht von Mir begossen wird
in wunderbar gehöriger Manier

Mein Boot ist brechend voll und droht erbärmlich zu
versinken, wenn *Ich* ihm keine Hilfe bringe

Ich erhöre den, der bettelnd kommt im Abgeschabten

Ungekünstelt und wahrhaftig soll dein künftiges
Benehmen sein vor Meinen Vateraugen

Seligen Gesang fachst du in jenen an, die du mit
Sorglichkeit und Milde pflegst im allmenschlichen
Gewoge

In deinem Schauen wird ein Menschenantlitz erst zur
Schöne stilisiert, wenn es sich wohl verstanden fühlt in
seinen Regungen und Regionen

Unweigerlich wirst du vom Liebevollen zur Liebe
geführt in Meinem erhabenen Gefühl

Dein Konterfei will Ich im Zustand des gelösten Lächelns
sehn aus herzlichem Begründen

Berührt vom Strom Meiner masslosen Güte, kann dich
kein Unheil mehr verdriessen

Vom Schöpfer geehrt und von Menschen besungen sollst
du einhergehn, liebenswert und makellos geworden

Freudig sollst du jeden neuen Tag beginnen
im Bewusstsein der unendlichen Gewähr

7.16

Die wahre Kunst besteht darin, das menschliche
Geschehn im Gleichklang mit der Göttergrazie zu halten

Bedenkenlos und unverwandt sollst du in *Meinen* Spuren
Festzeit halten

Das Festliche ist immer auch ein Zeichen des Erfassens
Meiner Gunst im Wunderbaren

Jeder kann sich rühmen, eines guten Herzens Herr zu
sein, wenn er es nur erkennt in seinem stillvergnügten
Schlagen

Was immer dir noch fehlt, kann Ich mit Leichtigkeit vor
dein Gesichtchen tragen

Alles stellt schlussendlich eine Schau
von Sein und Milde dar

Woran erkennst du, dass *Ich* in der Welt agiere? An der
virtuosen Leichtigkeit mit der das Leben sich vollzieht

Die Herzensglocken läuten dir den feierlichen
Frieden ein für was du Bist in Mir geworden

Ich giesse Weisheit und Gelassenheit in Meine
Liebestaten

Brauchst du *Mich*, so brauche Ich dich nicht mehr jeden Tag zu tadeln ob dem Selfishen, das dir misslang

Im stillen Grund erscheint ein Bild von Mir vor deinen Seelenaugen und befriedet, was du Bist, im Zeitenlosen

Das Köstliche wird immer köstlich bleiben, wenn du es gebührend pflegst in deinen Komplikationen

7.17
Meinerseits ist deinerseits, soweit Ich schauen mag, in der Unendlichkeit von Meinem Sein und Streben

Die Förderung von seinsbedingten Fertigkeiten liegt in *Meinen* Händen und soll dereinst von dir geleitet werden

Mich um Rat zu fragen ist schon klug, doch diesen zu befolgen macht dich erst zum Weisen in der Welt der hunderttausend Niedrigkeiten

Magst du's kräftig, kommen dir die Kräftigen, wie aus dem Nichts, bekräftigend entgegen

Das Momentane hat sich mit dem Ewigen vermählt, sowie du Mich begriffen hast in deinem Dich-Verwundern

In Not-Geratene sind immer gut beraten, wenn sie *Mich* zum Retter auserwählen

Wählst du *Mich* zum Inspirator, wird die Schönheit deiner Verse alles überbieten, was dir vordem je gelang

Ich zünde dir voran und züngle Weisheit in die Sphären der Allherrlichkeit, mit der Ich dich geflisssentlich bediene

Komm Mir nicht zu nah, damit sich dein Gefieder nicht
versengt an Meinem Purpurglänzen

Hast du es geschafft Mir nah zu kommen, musst du dich
zur Seite wenden, um der Blendung zu entgehn

An Meinem Hofe herrschen Sitten, die allgemein goutiert
und hochgejubelt werden.

Ich Bin dir gnädig, wie Ich immer Gnade walten lasse,
über deinem so verzogenen Geschicke

Das Wesenhafte ist es, was Mich selbst betrifft im
grandiosen Weltverfahren.

Nichts entgeht Mir, somit muss Ich alles, was
geschieht, im eignen Innersten erleben

7.18
Schau zu Mir auf mit dem Gedanken:
„Was bist du so fein, wie bist du so rein geliebter
Weltengeist in deinem Dich-Verstrahlen"

In der Sorge um dein Wohl vergissest du zumeist an Mich
zu denken und Mein Sein dem deinen himmelweit
voranzustellen

Bist du bedeutungsvoll, so Bin *Ich* es unendlich mehr
in deinen seinsbewussten Zügen

Was dich betrifft brauchst du nicht mehr zu bangen, denn
die Bedeutung deines Seins wird durch Mich liebevoll in
alle Himmel aufgehoben

Dein Gang zum Licht vermag dich immer mehr von dem
zu überzeugen, was richtig ist, erbaulich und erheiternd
in des Seins urmütterlichem Meer

Nur knapp entgehst du der Verwundung durch die giftigen Gedankenpfeile, die es auf dich abgesehen haben. Doch du entgehst und driftest glückbeseelt dem Unermesslichen entgegen

Wundert es dich, wenn die Lebenswinde sich zu deinen Gunsten drehn, wo du dich so vertrauensvoll in ihren Schutz begeben

Ich Bin der Fürst und die Verheissung deiner Lebenstage, wenn du Mir treu bist und mit Redlichkeit geladen

Dein Opfer zeitigt Früchte und dein klarer Wille lockt *Mich* an zu deinen Gunsten

Deine Hoffnungen sind nie vergebens, denn sie wecken hoch erhabne Kräfte im gottseligen Allhier

Man schaufelte vergebens Berge vor Mich hin. Ich kann sie alle glanzvoll überwinden

Ich rufe dich zum König deines Reiches aus, sowie du Meinem Rat gefolgt bist, alles Mir und Meiner Weisheit anzutrauen

Ich schenke dir Mein Herz und hoffe, du wirst freudevollen Einstand mit Mir halten

Wichtig ist nur *eines* Kamerad, dass du Mich erkennst in Meinem Dich-zum-reinen-Sein-Berufen

Jeder Effort ist ein Schritt zum wohlverdienten Siege

Ich komme nie zu kurz, weil Ich beständig eine gute Absicht in Mir trage

Wenn du die erste Tür zu Mir verpassest, musst du lange
auf die zweite warten

Das Ersehnte gliedert sich in Naheliegendes und Ferneres
und muss in dieser Ordnung von dir abgehandelt werden

Glaubst du dich zu rühren, ist deine Trägheit
wahrhaft rührend anzusehn

Sowie du hinter Meine Schliche kommst,
ist dir schon wesentlich geholfen

Frage dich, was du zur Evolution der Welt
schon beigetragen hast

7.19
Kannst du dich rühmen *Mich* zu sein
bist du auf jeden Fall am längeren Hebel

In der Grazie des Allerhöchsten sind alle Arbeitsfelder
wunderschön

Wer kränkelt hat den Zauber der Allherrlichkeit
noch nicht begriffen

Die gute Hoffnung strahlt dir unaufhörlich
ihre Liebewärme zu

Ludwig Weibel, geboren 1933
Lebt in CH-9200 Gossau/St.Gallen
Studienabschluss als Fernmeldetechniker
Schriftstellerische Berufung zur
"Philosophie des Seins" für vife Geister.
Erstellt elegante Graphiken mit einem
Pendel-Apparat. (Siehe Buchumschlag)
Homepage: www.das-sein.ch
E-mail: ludwig.weibel@hispeed.ch